Les Traquenards
de la
grammaire anglaise

Guide à l'intention
des francophones

Daniel Sloate
Denis G. Gauvin

Les Traquenards de la grammaire anglaise

Guide à l'intention des francophones

Guernica

Ce livre doit beaucoup à Marius Jamault, ami et collègue, qui m'a vivement encouragé à publier ce livre. C'est grâce à notre collaboration chaleureuse et féconde de jadis que j'ai entrepris la rédaction de cette grammaire. Qu'il trouve ici l'expression de ma reconnaissante amitié.

DANIEL SLOATE

Copyright © 1985, 1989, 1990, Les éditions Guernica, inc.,
Daniel Sloate et Denis G. Gauvin

Première édition 1985
Deuxième édition 1986
Troisième édition 1989
Quatrième édition 1990

Antonio D'Alfonso, éditeur
Les éditions Guernica, inc.
C.P. 633, Succursale N.D.G.
Montréal (Québec), Canada H4A 3R1

Dépôt légal — 3ᵉ trimestre
Bibliothèque nationale du Québec et
Bibliothèque nationale du Canada
Données de catalogage avant publication (Canada)
Sloate, Daniel
Les traquenards de la grammaire anglaise

ISBN 2-89135-036-7

1. Anglais (Langue) — Grammaire — 1950- . 2. Anglais (Langue) —
Manuels pour francophones. I. Gauvin, Denis G., 1954- . II. Titre.
PE1106.S46 1990 428.2'441 C90-090309-0

AVANT-PROPOS

Comme l'indique le titre de ce petit volume, nous n'avons pas eu l'ambition, en l'écrivant, de composer un traité de grammaire anglaise. Nous avons voulu, plus modestement, mettre en relief les notions essentielles sans lesquelles il est vain de penser acquérir l'assurance qu'exige la construction correcte de la phrase anglaise.

Le présent ouvrage s'adresse à ceux qui suivent des cours d'anglais langue seconde, aux étudiants des Cégeps et aux étudiants inscrits aux programmes de traduction qui ont déjà été initiés à l'anglais. Il leur sera possible de l'utiliser comme outil de référence en toute occasion, fût-ce dans la salle de classe ou au bureau. Un index détaillé leur épargnera, espérons-le, des recherches ennuyeuses.

Le plan que nous avons suivi consacre un premier chapitre à l'étude du verbe et de la conjugaison sous toutes ses formes. Les deuxième et troisième chapitres portent sur le nom et l'article d'une part, et l'adjectif et le pronom d'autre part. Le quatrième chapitre traite d'autres difficultés verbales, celles de l'emploi des modes et des temps. Les cinquième et sixième chapitres accordent une place importante aux questions, souvent délicates pour les traducteurs de «thème», posées par le maniement de certaines parties du discours, en particulier de la préposition et de la postposition.

Chaque fois que la chose a paru possible, nous n'avons pas hésité à énoncer en une formule encadrée les règles fondamentales. Quelques indications pratiques, dépourvues de tout soupçon de théorie linguistique, faciliteront, espérons-le, l'application de certaines règles qui dissimulent les pièges les plus courants.

Grâce à une typographie très aérée, les exemples se distinguent de l'exposé grammatical : ils ont été choisis dans le dessein d'enrichir le vocabulaire de l'étudiant, qui retient mieux que s'ils sont isolés les mots et les expressions mis à leur place dans une phrase complète.

Voilà quelles ont été nos intentions : aux étudiants et collègues de juger si la grammaire ainsi conçue répond à leurs attentes. La paucité de considérations théoriques et stylistiques est voulue : nous les gardons en réserve pour un autre livre, plus passionnant certes, mais moins «pratique» celui-là.

LES AUTEURS

CHAPITRE I

LE VERBE :
LA CONJUGAISON

I — GÉNÉRALITÉS
LES VERBES *TO HAVE* ET *TO BE*

1. Généralités sur le verbe anglais

a) On peut répartir les verbes anglais en ***trois catégories*** :

— les auxiliaires *to have* (avoir) et *to be* (être), dont le second se distingue par plusieurs formes entièrement originales;

— les verbes *ordinaires*, qui comprennent à leur tour des verbes *réguliers* et de verbes *irréguliers*;

— les *défectifs*, qui se réduisent à deux formes, voire à une seule.

b) La conjugaison actuelle ne dispose que de ***quatre terminaisons*** différentes [8]. Cette pénurie de formes rend nécessaire, pour caractériser les temps, l'emploi de ***six auxiliaires*** : *to have* et *to be*, les défectifs *shall* et *will*, le verbe ordinaire *to let* dans la conjugaison affirmative; le verbe ordinaire *to do* dans les conjugaisons négative et interrogative.

c) Le tutoiement n'existant plus en anglais, sauf chez les poètes (encore que les poètes contemporains aient délaissé cette forme), dans certaines traductions de la

Bible et les formules de prières, les **secondes personnes** du singulier et du pluriel sont identiques. En
revanche, la **troisième personne** du singulier a un
masculin, un *féminin* et un *neutre*, avec les pronoms *he*,
she et *it*.

N.-B. — Le tutoiement est marqué par le pronom *thou* et
les terminaisons *-est*, *-st* ou *-t*. Exemples : *thou hast* = tu
as; *thou art* = tu es.

2. Conjugaisons de *to have* = *avoir*

Infinitif		Impératif	
Présent	*Passé*	Let me have	Let us have
to have	to have had	Have	Have
Participe		Let { him her it } have	Let them have
Présent	*Passé*		
having	had		

Indicatif							
Présent		*Parfait*		*Futur*		*Futur antérieur*	
I You } have		I You } have had		I / You / He / She / It } shall / will } have		I / You / He / She / It } shall / will } have had	
He She It } has		He She It } has had					
We You They } have		We You They } have had		We You They } shall / will }		We You They } shall / will }	

Prétérit		*Plus-que-parfait*		Conditionnel			
				Présent		*Passé*	
I / You / He / She / It } had		I / You / He / She / It } had had		I would * / You / He / She / It } would } have		I would * / You / He / She / It } would } have had	
We You They }		We You They }		We would * You They } would		We would * You They } would	

---

* Il faut noter que les Britanniques privilégient l'usage de *should* à la première personne
du singulier et du pluriel. En Amérique du Nord, on délaisse cette forme pour éviter
toute confusion avec *should* pris dans le sens «devoir» (voir 20,4).

3. Conjugaison de *to be* = *être*

Infinitif		Impératif	
Présent	*Passé*	Let me be	Let us be
to be	to have been	Be	Be
Participe		Let { him her it } be	Let them be
Présent	*Passé*		
being	been		

Indicatif							
Présent		*Parfait*		*Futur*		*Futur antérieur*	
I	am	I		I	shall	I	shall
You	are	You	have been	You		You	
He		He		He		He	
She {	is	She } has been		She }	will	She }	will
It		It		It	be	It	have been
We		We		We	shall	We	shall
You }	are	You } have been		You }	will	You }	will
They		They		They		They	

Conditionnel							
Prétérit		*Plus-que-parfait*		*Présent*		*Passé*	
I	was	I		I	would *	I	would *
You	were	You		You		You	
He		He		He		He	
She }	was	She }	had been	She }	would	She }	would
It		It		It	be	It	have been
We		We		We	would *	We	would *
You }	were	You }		You }	would	You }	would
They		They		They		They	

4. Formes négative, interrogative et interro-négative des auxiliaires

On remarquera au préalable que, comme les verbes ordinaires [8], *to have* et *to be* ne se conjuguent seuls qu'à certains temps (temps simples), et qu'aux autres temps (temps composés) ils ont besoin d'un ou de deux

---

* Voir la note à la page 4.

auxiliaires. *To have* est son propre auxiliaire aux temps du passé.

Soit *a* le premier auxiliaire, *v* le reste du verbe (*v* n'existe pas aux temps simples), *s* le sujet.

a) Négation : $\boxed{s + a + not + v}$

- *I am not* = Je ne suis pas. — *You would not have had* = Vous n'auriez pas eu.

La formule ne s'applique pas à l'infinitif ni au participe, la négation se plaçant alors devant le verbe :

- *To be or not to be* = Être ou ne pas être. — *Not having* = N'ayant pas.

N.-B. — La seconde personne de l'impératif des auxiliaires a deux formes négatives : *be not** et *do not be; have not** et *do not have.*

b) Interrogation : $\boxed{a + s + v}$

- *Am I...* = Suis-je...? — *Would you have been...?* = Auriez-vous été...?

c) Interro-négation : la formule varie suivant que le sujet est un nom ou un pronom :

1. *Avec un pronom-sujet on a :* $\boxed{a + p + not + v}$

- *Is he not...?* = N'est-il pas? — *Would he not have been...?* = N'aurait-il pas été...?

---

* Vieilli ou littéraire.

2. *Avec un nom-sujet* on a : $\boxed{a + not + n + v}$

- *Is not Peter...?* = Pierre n'est-il pas...? — *Would not Peter have been...?* = Pierre n'aurait-il pas été...?

N.-B. — Dans une proposition interrogative, il n'y a *jamais de double sujet* comme en français. En outre, l'expression *est-ce que* est un gallicisme qui ne se traduit pas :

- Est-ce que Pierre a été sage? *devient :* Pierre a-t-il été sage? *puis :* *A Pierre été sage? = *Has Peter been good?*

5. Emplois de *to have*

a) *To have* est l'auxiliaire unique de la **conjugaison active** ordinaire, pour les temps composés du passé [8, *Rem.*].

b) En dehors de ce rôle, *to have :*

— peut signifier *posséder* (en langue parlée, on emploie fréquemment *to have got* dans ce sens) :

- *She has* (ou *has got*) *three evening dresses* = Elle a trois robes du soir.

— entre dans plusieurs expressions, comme *to have to* = devoir [20, *a* 1], *I had better* = je ferais mieux; *I had rather* = j'aimerais mieux [55, e], etc., plus ou moins éloignées de son sens originel.

— mais, en revanche, laisse à d'autres verbes, notamment à *to be* le soin de traduire des gallicismes où figure le verbe *avoir* [6, *c*].

— peut remplacer un autre verbe (on le considère alors comme un verbe ordinaire) :

- *Did you have* (= *did you eat*) *your lunch?* = Avez-vous pris votre déjeuner?

6. Emplois de *to be*

  a) *To be* est l'auxiliaire de la *conjugaison passive* [13].

  b) *To be to* rend une autre nuance de *devoir* que *to have* [20].

  c) *To be* sert à exprimer :

  — Un *état* physique ou moral :

  - *to be cold*   = avoir froid
    to be warm   = avoir chaud
    to be hungry = avoir faim
    to be thirsty   = avoir soif
    to be right   = avoir raison
    to be wrong   = avoir tort
    to be afraid   = avoir peur
    to be ashamed = avoir honte

  — L'*âge* : le Français dit : «Quel âge avez-vous?»; l'Anglais : *«Combien vieux êtes-vous?» Le Français répond : «J'ai quinze ans»; l'Anglais : *«Je suis quinze ans vieux.»

  - *«How old are you?»* — *«I am fifteen years old»* ou simplement *«I am fifteen»* ou encore *«I am fifteen years of age.»*

  — Les *dimensions* :

  - *The room is five meters long* = La pièce a cinq mètres de long.

N.-B. — On notera que, dans ces différents cas, le français se sert du verbe *avoir*.

  d) Nous citerons encore quelques *expressions courantes* composées avec *to be* :

  — *To be born* = naître (être mis au monde). — *He was born* = il est né (il a été mis au monde). Noter la forme particulière : *A daughter has been born to them* = une fille leur est née.

— *What is the matter with you?... with him?* = Qu'avez-vous, qu'a-t-il?

— *To be in with* = fréquenter; *to be for* = être d'avis de. — *He is in with the worst crowd* = Il fréquente les pires camarades. — *She is for leaving after lunch* = Elle est d'avis de partir après le déjeuner.

— *How are you?* = Comment allez-vous?

— *It was fine yesterday* = Il faisait beau hier [15, *a*, 1].

7. Traduction de *il y a, voici, voilà*

a) **Il y a** peut soit exprimer une idée générale d'existence, de présence, soit introduire une expression de distance ou de temps.

1. *Existence, présence.* On tourne ainsi l'expression :
Il y a = Là est (*ou* sont) = *There is* ou *are*.
Il y avait = Là était (*ou* étaient) = *There was* ou *were*.
Il y aura = Là sera (*ou* seront) = *There will be...* etc.

Le verbe *to be* s'accorde avec le sujet qui suit, sujet réel.

• Il y aura beaucoup de monde au bord de la mer = *There will be many people at the seaside.*

N.-B. — L'interrogation se forme en intervertissant les deux premiers termes, la négation en ajoutant *not* après le premier auxiliaire, l'interro-négation en intervertissant les deux premiers termes de la négation.

• De *There would have been...* = Il y aurait eu, on tire : *Would there have been...* = Y aurait-il eu? — *There would not have been* = Il n'y aurait pas eu...; enfin *Would there not have been...* = N'y aurait-il pas eu?

2. *Distance*. On tourne par *is it*, la question : combien y a-t-il? se traduisant par *how far is it?*

- Combien y a-t-il de Montréal à Windsor? — Il y a environ neuf cents kilomètres = *How far is it from Montréal to Windsor? — It is about nine hundred kilometres.*

3. *Temps*. Ce dernier cas fera l'objet d'une étude spéciale [81].

b) *Voici, voilà* se rendent par *here is* (ici est), *here are; there is, there are.*

- Voici Monsieur Smith = *Here is Mr. Smith.* — Voilà nos amis = *There are our friends.*

II — LES VERBES ORDINAIRES

8. Verbes réguliers : formation des temps à la voix active

a) Les temps simples (indicatif présent, prétérit, participes présent et passé) dérivent tous de l'*infinitif.*

— Le *présent* de l'indicatif reproduit l'infinitif, sauf à la troisième personne du singulier où il prend un *s* :

- *To help* = aider; *he helps* = il aide.

— Le *participe présent* se forme en ajoutant *-ing* à l'infinitif, après, s'il y a lieu, suppression de l'*e* muet final :

- *To love* = aimer; *loving* = aimant.

Exceptions : to singe = brûler; *singeing* = brûlant.
to dye = teindre; *dyeing* = teignant.

— Le *prétérit* et le *participe passé* ajoutent *-ed* à l'infinitif, dans les mêmes conditions que le participe présent :

- *You loved* = vous aimiez; *loved* = aimé.

Cas particuliers — 1. Les verbes terminés par *s, x, z, ch, sh* et un seul *o* forment la 3e personne du singulier de l'indicatif présent en *-es* :

• *He dresses* = il s'habille. — *He fixes cars* = il
répare des voitures. — *A fly buzzes* = une mouche
bourdonne. — *The cat catches birds* = le chat at-
trape des oiseaux. — *She wishes to be rich* = Elle
désire être riche. — *It goes for nothing* = Ça se
vend pour une bouchée de pain. — Mais : *The cow
moos* = La vache meugle.

2. À la même personne, les verbes terminés par un -y
précédé d'une consonne changent y en *-ies*. Ils le changent
en *-ied* au prétérit et au participe passé.

• *To try* = essayer; *he tries; tried; trying.*

3. Les verbes terminés par *-ie* forment le participe
présent en *-ying*.

• *To lie* = être étendu; *lying.*

4. Quand le verbe est formé d'une seule syllabe, com-
prenant une seule voyelle et une consonne finale, il
redouble cette dernière au prétérit, au participe présent et
au participe passé. Il en est de même pour les verbes en *-el*
et en *-al*.*

• *To beg* = mendier, *begging, begged.*
  To travel = voyager, *travelling, travelled.**

b) Les temps composés sont formés :

1. les uns d'un auxiliaire suivi de la *forme infinitive :* le *futur* (avec *shall* et *will*), le *conditionnel présent*
(avec *should* et *would*),** l'*impératif* (avec *let*, sauf à la
deuxième personne).

2. les autres d'un auxiliaire suivi du *participe passé :*
le *parfait* (avec *have*), le *plus-que-parfait* (avec *had*), le
futur antérieur (avec shall have et *will have*), le *conditionnel passé* (avec *should have* et** *would have*).

---

* L'orthographe nord-américaine tend à simplifier les choses : pour les verbes en -*el* et
en -*al*, on trouve souvent un seul *l* : *traveling; traveled.* Il convient de noter cependant qu'au Canada, nous avons tendance à nous conformer à l'orthographe britannique en redoublant la consonne finale.

** Voir la note à la page 4.

Remarque importante — Le verbe à la voix active se sert ainsi, pour les temps composés du passé, de l'auxiliaire *to have, jamais de l'auxiliaire to be.* Il faut se rappeler ce principe chaque fois que, pour exprimer une action, le français a recours à l'auxiliaire *être* (verbes intransitifs).

- Je suis allé à la bibliothèque = *I have gone to the library.*

9. Verbes irréguliers

Les verbes irréguliers, dont la liste est donnée à la fin du volume [115], ont au prétérit et au participe passé des formes plus ou moins indépendantes de l'infinitif.

- *To speak* = parler; *I spoke; spoken.*
- *To go*   = aller; *I went; gone.*
  To take = prendre; *I took; taken.*

Aux autres temps, ils suivent les règles de formation indiquées ci-dessus [8].

10. Verbes composés : la postposition

Le verbe anglais est très souvent suivi d'une particule qui fait corps avec lui : la *postposition.* Cette particule modifie le sens du verbe jusqu'à exprimer elle-même l'action ou l'état, le verbe n'indiquant plus qu'une circonstance (de manière ou moyen).

- *The liner steams out to sea* = Le paquebot gagne le large. *Out* exprime l'idée de sortir, *steam* le moyen (la locomotion à vapeur).

Dans les verbes composés, seule la partie proprement verbale se conjugue, régulièrement ou irrégulièrement. La postposition, qui sera étudiée plus loin [100-102], est invariable.

- *To walk across* = traverser à pied se conjugue régulièrement (*to walk*). *To swim across* = traverser à la nage se conjugue irrégulièrement (*to swim*).

11. Conjugaison de *to work* (régulier) et de *to take* (irrégulier)

Infinitif		Impératif	
Présent to work (to take)	*Passé* to have worked (to have taken)	Let me work (take) Work (take)	Let us work (take) Work (take)
Participe		Let him her work it (take)	Let them work (take)
Présent working (taking)	*Passé* worked (taken)		

Indicatif			
Présent I ⎫ work You ⎭ (take) He She works It (takes) -------- We ⎫ work You ⎬ They ⎭ (take)	*Parfait* I ⎫ have worked You ⎭ (have taken) He She has worked It (has taken) -------- We ⎫ have worked You ⎬ They ⎭ (have taken)	*Futur* I shall You He She will work It (take) -------- We shall You ⎫ They ⎭ will	*Futur antérieur* I shall You He She will have worked it (have taken) -------- We shall You ⎫ They ⎭ will
Prétérit I You He She worked It (took) -------- We You They	*Plus-que-parfait* I You He She had worked It (had taken) -------- We You They	**Conditionnel**	
		Présent I would * You He She would work It (take) -------- We would * You ⎫ They ⎭ would	*Passé* I would * You He She would have worked It (have taken) -------- We would * You ⎫ They ⎭ would

---

* Voir la note à la page 4.

12. Verbes transitifs et verbes intransitifs

On se rappellera qu'un verbe *transitif* a un ***complément d'objet direct*** (c'est-à-dire uni à lui sans préposition), qu'un verbe *intransitif* a un *complément d'objet indirect* (uni à lui par une préposition) *ou qu'il n'en a pas.*

a) *Des verbes transitifs anglais se traduisent par un intransitif français :*

- *to approach* = s'approcher *de*
  to change = changer *de*
  to enjoy = jouir *de*
  to enter = entrer *dans*
  to escape = s'échapper *de*
  to escape = échapper *à*
  to fit = aller bien *à*
  to forgive = pardonner *à*
  to marry = se marier *avec*
  to mind = faire attention *à*
  to obey = obéir *à*
  to order = commander *à*
  to please = plaire *à*
  to remember = se souvenir *de*
  to resemble = ressembler *à*
  to use = se servir *de*
  to want = avoir besoin *de*

b) *Des intransitifs anglais se traduisent par un transitif français :*

- *to account for* = expliquer
  to gaze at = contempler
  to hope for = espérer
  to listen to = écouter
  to look at = regarder
  to meet with = rencontrer
  to send for = envoyer chercher
  to wait for = attendre

*c) À l'inverse de leurs équivalents français, des
   verbes anglais ont pour objet direct un nom de
   personne, pour complément indirect un nom
   de chose :*

- *to ask somebody for something*
  = demander quelque chose à quelqu'un

  to help somebody to something
  = servir quelque chose à quelqu'un

  to pay somebody for something
  = payer quelque chose à quelqu'un

  to present somebody with something
  = offrir quelque chose à quelqu'un

  to remind somebody of something
  = rappeler quelque chose à quelqu'un

  to reproach somebody with something
  = reprocher quelque chose à quelqu'un

  to rob somebody of something
  = dérober quelque chose à quelqu'un

13. La voix passive

a) Formation — La voix passive se forme comme en
français : on conjugue le verbe *to be*, à chaque forme duquel est ajouté le *participe passé du verbe.*

- *You are loved* = Vous êtes aimé. — *They were
  chosen* = Ils furent choisis. — *We shall be sent* =
  Nous serons envoyés.

b) Sujet et complément — Comme en français encore, le complément d'objet du verbe actif devient
le *sujet* du verbe passif, le sujet du verbe actif
devient le *complément d'agent* du verbe passif,
complément amené par la préposition *by :*

- *Shakespeare wrote this play in the prime of his life*
  = Shakespeare écrivit cette pièce à la fleur de l'âge.

— *This play was written by Shakespeare in the prime of his life.*

— Si le verbe est *intransitif*, il conserve à la voix passive la *préposition* qu'il avait à la voix active :

- *My companions stared at me* = Mes compagnons me dévisageaient. — *I was stared at by my companions.*

— Si le verbe actif a *deux compléments* (direct et indirect), l'un de personne, l'autre de chose, l'un ou l'autre peut devenir sujet à la voix passive :

- *My grandfather gave me this book* = Mon grand-père m'a donné ce livre. — *I was given this book by my grandfather* ou *This book was given to me by my grandfather.*

14. La voix pronominale : verbes réfléchis et réciproques

On appelle voix pronominale la conjugaison dans laquelle le sujet et le pronom objet sont à la même personne : *je me lave; aimez-vous les uns les autres; les ennemis se sont enfuis.* Dans le premier exemple, l'action du sujet se porte sur le pronom-objet qui représente la même personne que lui-même (verbe *réfléchi*); dans le second, il y a action réciproque, les unes sur les autres, des diverses personnes représentées par le sujet *vous* (verbe *réciproque*); dans le troisième, la forme du verbe est *pronominale*, sans qu'il soit pour autant réciproque ni réfléchi (verbe simplement pronominal).

a) La langue anglaise ne possède de verbes pronominaux que réfléchis *ou* réciproques.

1. *Les verbes réfléchis* se forment en faisant suivre le verbe actif du pronom réfléchi correspondant [66] :

- *I have cut myself* = Je me suis coupé.

N.-B. — On sous-entend le pronom réfléchi avec des verbes comme *to wash* = se laver, *to bathe* = se baigner, *to shave* = se raser, *to dress* = s'habiller :

- *Does your son wash every morning?* = Votre fils se lave-t-il tous les matins?

2. *Les verbes réciproques* se forment avec les pronoms *each other, one another.*

- *The two brothers disliked each other* = Les deux frères se détestaient. — *Men should love one another* = Les hommes devraient s'aimer mutuellement.

b) *Tous les verbes français à sens réfléchi ne se traduisent pas par un réfléchi anglais* :

1. si le réfléchi a pour objet une *partie du corps* du sujet (le pronom réfléchi étant alors complément indirect), on tourne la phrase en utilisant l'*adjectif possessif :*

- Je me suis foulé la cheville = *I sprained my ankle.*

2. quelques réfléchis français se traduisent par un *verbe ordinaire* ou par une *expression idiomatique :*

- Lancez-vous en affaires et enrichissez-vous = *Set up a business and get rich.*

c) *Les verbes français simplement pronominaux* (c'est-à-dire qui n'ont pas le sens réfléchi) se traduisent :

1. les uns, par un *verbe ordinaire* ou une *expression idiomatique :*

- Vous rappelez-vous cette belle excursion sur le Saint-Laurent? = *Do you remember that nice trip along the St. Lawrence?* — La porte s'ouvrit = *The door opened.* — Mon oncle se fait vieux = *My uncle is getting old.*

2. les autres, par un *verbe passif :*

- Mon camarade s'est noyé dans la rivière. = *My*

chum *was drowned* (or : *drowned*) *in the river*
(mais on dirait : *drowned himself*, verbe réfléchi,
s'il s'agissait d'un suicide). — Le grain se transfor-
ma en farine = *The grain was turned* into flour.

d) *Liste de verbes anglais ordinaires et de locutions verbales traduisant des verbes pronominaux français (réfléchis ou non).*

1. *Verbes :*

To abate	= se calmer (vent)
To abstain from	= s'abstenir de
To alight	= se poser (oiseaux)
To appear	= se montrer
To arise	= s'élever
To avoid	= se dérober à
To awake	= s'éveiller
To behave (régulier)	= se conduire
To bend	= se courber, se pencher
To blend	= se mêler
To boast of	= se vanter de
To bolt	= s'emballer (cheval)
To brag	= se vanter
To bump against	= se cogner contre
To bustle	= s'affairer, s'agiter
To bristle up	= se rebiffer
To calm down	= se calmer
To care about	= se soucier de
To clear off	= se dissiper (nuages)
To cling	= s'accrocher
To collapse	= s'affaisser
To collide	= se heurter avec violence
To come out	= se montrer
To complain of	= se plaindre de
To comply with	= se plier à, se conformer à
To crash	= s'écraser
To decay	= se détériorer
To distrust	= se défier

To divide	= se diviser
To draw back	= se reculer
To embark	= s'embarquer
To empty	= se vider
To fade	= se faner, se décolorer
To faint	= s'évanouir
To fall down	= s'abattre
To fancy	= s'imaginer
To fidget	= se trémousser
To fill	= se remplir
To flee	= s'enfuir
To flow away	= s'écouler
To fly off	= s'envoler
To follow	= s'ensuivre
To hang to	= se pendre à
To harden	= se raffermir
To heap	= s'entasser
To hurry	= se dépêcher, se hâter
To join	= se joindre à
To kneel	= s'agenouiller
To land	= se poser (avions)
To lean	= s'appuyer
To lengthen	= s'allonger
To lessen	= s'amoindrir, s'atténuer
To light up	= s'illuminer
To linger	= s'attarder
To marry	= se marier
To meet	= se rencontrer
To mingle	= se mêler
To mistrust	= se méfier
To open (intransitif)	= s'ouvrir
To overflow	= se répandre, déborder
To overwork	= se surmener
To paint oneself	= se farder
To pile up	= s'amonceler
To rage	= se déchaîner (orage)
To realize	= se rendre compte

To recollect	=	se souvenir de
To recover from	=	se rétablir de
To refrain from	=	s'empêcher de
To rejoice at	=	se réjouir de
To remember	=	se rappeler
To ripple	=	se rider (eau)
To rise	=	se lever (astres)
To scoff at	=	se moquer de
To sell (a product)	=	se vendre
To shrink	=	se rétrécir
To sit	=	s'asseoir
To slink	=	se dérober
To shrivel up	=	se recroqueviller
To stand	=	se tenir debout
To stiffen	=	se raidir
To stoop	=	s'abaisser
To strive	=	s'efforcer
To straighten	=	se redresser
To swell	=	se gonfler, s'enfler
To taint	=	se gâter (poisson)
To take off	=	s'envoler (avion)
To start	=	se mettre à
To turn	=	se retourner
To wrinkle	=	se rider (face)
To writhe	=	se tordre
To withdraw	=	se retirer

2. *Locutions verbales :*

To be anxious about	=	s'inquiéter de
To became engaged	=	se fiancer
To be content with	=	se contenter de
To be getting cold	=	se refroidir
To be getting dark	=	se faire nuit
To be getting old	=	se faire vieux
To be merry-making	=	se donner du plaisir
To get drunk	=	s'enivrer
To get married	=	se marier
To get ready	=	se préparer

To get rich	= s'enrichir
To get wet	= se mouiller
To go the wrong way	= se tromper de chemin
To sit for an examination	= se présenter à un examen
To have a drive	= se promener en voiture
To take a swim	= se baigner
To take offence at	= se blesser de

15. La forme impersonnelle

a) La forme impersonnelle (*it* + verbe) est *surtout employée* :

1. pour exprimer un *phénomène atmosphérique* :

- *It rains* = il pleut; *it hails* = il grêle; *it snows* = il neige; *it thunders* = il tonne; *it is warm* = il fait chaud; *it is cold* = il fait froid; *it is foggy* = il fait du brouillard; *it is windy* = il fait du vent, etc.

2. dans quelques *expressions anciennes* :

- *If you please (if it pleases you)* = s'il vous plaît. — *It matters little* = il importe peu.

b) Souvent l'anglais se sert de la *forme personnelle pour traduire* une *tournure française imper- sonnelle* :

- *nobody will come* = il ne viendra personne. — *We must fly over the Rockies* = il faut que nous sur- volions les Rocheuses. *We are sure to leave this country* = il est certain que nous quitterons le pays.

16. La négation, l'interrogation et l'interro-négation dans la conjugaison ordinaire

a) Caractère commun aux trois formes — Elles se construisent toutes trois à l'aide d'un auxiliaire :

1. aux temps qui en ont un, avec cet auxiliaire.

2. aux temps qui n'en ont pas, c'est-à-dire au présent de l'indicatif et au prétérit, avec l'auxiliaire *do :*

do pour le présent (*does* à la troisième personne);
did à toutes les personnes du prétérit.

Les règles que nous avons données pour les verbes *to have* et *to be* s'appliquent encore ici sans changement [4].

b) Formule de la négation : $\boxed{s + a + not + v}$

- Mon frère n'aime pas le poisson = *My brother does not like fish.*

N.-B. — 1. La formule n'est valable que pour la négation *not.* Avec les autres termes négatifs tels que *nobody* = personne; *nothing* = rien; *no* = aucun; *never* = jamais, etc., les verbes se conjuguent sans l'auxiliaire *do :*

- *No player scored a goal* = Aucun joueur n'a marqué de but. — *The lady's maid is talkative but never lies* = La femme de chambre est bavarde, mais ne ment jamais (pour la place de *never,* voir 99).

2. Une phrase négative anglaise *ne comporte qu'un seul terme négatif :*

- *Nobody was stirring in the house* = Personne ne bougeait dans la maison.

3. Le *ne* français peut être seulement explétif et ne se traduit alors pas en anglais :

- Je crains que mon frère ne fasse des dettes = *I am afraid my brother is running into debt.*

c) Formule de l'interrogation : $\boxed{a + s + v}$

• Pierre a-t-il lu ce livre l'année dernière? = *Did Peter read this book last year?*

d) Formules de l'interro-négation :

> *a + p + not + v,* si le sujet est un pronom.
> *a + not + n + v,* si le sujet est un nom.

• N'aurait-il pas fait passer une annonce dans ce journal? = *Would he not have an advertisement inserted in this paper?* — Votre patron ne s'est-il pas lancé l'an dernier dans la politique? = *Did not your employer go into politics last year?*

N.-B. — *Désignation, en anglais, des modes et des temps :*

Infinitif	= *Infinitive*
Impératif	= *Imperative*
Participe	= *Participle*
Indicatif	= *Indicative*
Conditionnel	= *Conditional*
Présent	= *Present*
Prétérit	= *Preterite* ou *Past*
Futur	= *Future*
Parfait	= *Present perfect*
P.-q.-p.	= *Pluperfect*
Fut. ant.	= *Future perfect*

III — LES VERBES DÉFECTIFS

17. Les six défectifs et leurs formes

a) Les défectifs. Ce sont :
— *I can (could)* = Je peux — *I ought to* = Je dois
— *I may (might)* = Je peux — *I must* = Je dois

— *I will (would)* et *I shall (should)*, qui ne sont pas toujours utilisés comme auxiliaires du futur et du conditionnel. Ils peuvent alors contenir, le premier une idée de volonté ou d'habitude, le second une idée d'obligation.

Le sens de ces six verbes sera précisé plus loin [19, 20 et 21].

b) Formes — Parmi les défectifs, quatre (*can, may, shall, will*) ont *deux temps :* un présent et un prétérit, ce dernier faisant aussi office de conditionnel. Les deux autres (*ought to, must*) ont *un seul temps,* le présent, qui, pour *ought to,* joue aussi le rôle de conditionnel. Chaque temps n'a qu'*une forme.*

Les six défectifs n'ont *ni infinitif ni participe* et ne prennent *pas d's* à la troisième personne du singulier du présent.

c) **Verbes de remplacement et constructions particulières** — Pour les temps qui manquent aux
défectifs, l'anglais recourt à d'autres verbes. Les
temps composés du passé se rendent comme suit :

	En français *Temps composé* *+ Inf. prés.*		En anglais *Défectif* *+ Inf. passé*	
Passé comp.	J'ai pu	parler	*I can* *I may*	*have spoken* *have spoken*
P.-q.parf.	J'avais pu	parler	*I could* *I might*	*have spoken* *have spoken*
cond. passé	J'aurais pu	parler	*I could* *I might*	*have spoken* *have spoken*
Passé comp.	J'ai dû	parler(1)	*I must*	*have spoken*
P.-q-.parf.	J'avais dû	parler(2)		
Cond. passé	J'aurais dû	parler	*I ought to* *I should*	*have spoken* *have spoken*

1. a) Obligation : *I was obliged to speak*
   b) Probabilité : *I must have spoken* (*but I don't remember* =
       mais je ne m'en souviens pas)
2. a) Obligation : *I had been* (ou *felt*) *obliged to speak*
   b) Probabilité : *I had probably spoken* (*but I'm not sure* = mais
       je ne suis pas certain)

18. Autres particularités communes
   aux défectifs

a) Ils sont **toujours suivis de l'infinitif sans to**
[86, *a*], à l'exception de *I ought to.*

• *We must die* = Nous devons mourir.

b) Ils se conjuguent **aux formes négative** et **interrogative** comme les **auxiliaires** *to have* et *to be* [4].

- *I cannot walk* = Je ne peux marcher. — *Shall I go?* = Dois-je aller? (Faut-il que j'aille?)

N.-B. — On remarquera que la négation est liée au présent du verbe *can;* mais elle reste séparée de *could* et des autres verbes.

   c) Ils n'ont *jamais de complément direct.*

- Je le peux = *I can do it* = Je peux le faire. — Je veux du pain = *I will have some bread* = Je veux avoir du pain.

19. Traduction de *pouvoir*

Pouvoir se rend par :

1. **Can,** s'il signifie : *être capable de (capacité physique ou intellectuelle).* Souvent, dans ce cas, le français emploie le verbe *savoir* au lieu de *pouvoir :*

- Je peux briser cette vitre = *I can break this pane.* — *Savez-vous nager?* = *Can you swim?*

Verbe de remplacement : *to be able to* = être capable de.

- Il s'inclina devant la veuve sans pouvoir dire un seul mot = *He bowed to the widow without being able to utter a single word.*

2. **May,** si *pouvoir* signifie : *être autorisé à (permission)* ou *il se peut que... (éventualité).*

— *Permission :* verbe de remplacement : *to be permitted, to be allowed to.*

- Puis-je sortir, Monsieur = *May I be excused, Sir?*
- Docteur, pourrai-je me lever demain? = *Doctor, shall I be allowed to get up tomorrow?*

— *Éventualité :* verbe de remplacement pour le futur seulement : futur du verbe qui suit *pouvoir* + *perhaps* (= peut-être).

• Il peut pleuvoir = *It may rain.* — Il pourra pleuvoir = *Perhaps it will rain.*

20. Traduction de *devoir* et *falloir*

a) Devoir se traduit par :

1. *Must* ou *to have to* [5] = *être obligé, être contraint
(nécessité)* :

   • Nous devons travailler pour réussir = *We must
   work in order to succeed.* — Vous devez payer vos
   impôts = *You have to pay your taxes.*

N.-B. — *Must,* suivi de l'infinitif passé, implique une
probabilité : I must have left my key at home = J'ai dû
laisser ma clef chez moi.

Verbes de remplacement de *must : to have to,* naturellement, et *to be obliged to.*

2. *Ought to,* s'il exprime un *avis,* un *conseil,* une
obligation morale :

   • Ce poisson doit se manger avec de la sauce = *This
   fish ought to be eaten with sauce.* — Vous devez
   aider votre mère = *You ought to help your mother.*

Verbe de remplacement : *to feel obliged to.*

3. *To be to,* si le fait indiqué par le verbe qui suit
résulte d'un projet, d'une convention ou est déterminé par
le sort.

   • Nous devions passer l'hiver au Mexique. = *We
   were to spend winter in Mexico.* — L'avion doit
   quitter Dorval à quinze heures = *The plane is to
   leave Dorval at three o'clock p.m.* — Leur dernier
   fils devait périr en mer = *Their last son was to be
   lost at sea.*

4. *Should (+ infin. présent)* pour rendre le conditionnel présent et *should (+ infin. passé)* pour rendre

le conditionnel passé, cela *à toutes les personnes.* L'emploi de *should* et *should have* est toujours valable, *quel que soit le sens particulier du verbe devoir.*

- Les hommes ne devraient pas se haïr = *Men should not hate one another.* — Vous auriez dû commencer votre travail plus tôt = *You should have begun your work earlier.*

N.-B. — L'idée de *dette* matérielle ou morale se traduit par *to owe,* verbe régulier.

- Je lui dois deux cents dollars; la vie = *I owe him two hundred dollars; my life.*

b) Falloir peut se tourner d'ordinaire par le verbe *devoir* (il faut = *on doit* ou *nous devons* ou *vous devez*) et l'on revient au paragraphe *a).*

- Il faut manger pour vivre = *One* ou *we* ou *you must eat to live.* — Il aurait fallu qu'il vînt (il aurait dû venir) = *He should have come.*

Verbes de remplacement : ceux de *must* ou *ought to* suivant les cas ou encore *it is necessary to.*

— L'interrogation *faut-il que* a souvent le sens de *voulez-vous que* et se traduit par *shall.*

- Faut-il que j'essuie le tableau? = *Shall I rub off the blackboard?*

— *Falloir* suivi d'une expression de temps se traduit par *it takes,* forme impersonnelle. Question correspondante : *How long does it take?*

- Combien de temps faut-il pour aller à la gare? — Il vous faut dix minutes = *How long does it take to go to the station? — It takes you ten minutes.*

21. Traduction de *vouloir*

Vouloir est employé soit au sens fort, soit au sens affaibli.

1. *Au sens fort (volonté formelle),* il se traduit par *will* (qui, sauf dans les phrases négatives, demande à être prononcé fortement) ou *would* (à l'imparfait et au conditionnel), l'un et l'autre suivis de l'infinitif sans *to*. On le remplace souvent par *to want to* (sens de besoin) :

- Mon père ne veut pas quitter Joliette. = *My father will not leave Joliette.* — Il aurait voulu être payé. = *He would have wanted to be paid.*

2. *Au sens affaibli,* riche en nuances, il se traduit différemment suivant qu'il exprime :

— un *ordre* atténué (et nuancé de politesse) : *Will... please. Please...*	Veuillez ouvrir la fenêtre = *Will you open the window, please.* — Veuillez souligner cette expression = *Please underline this expression.*
— un *souhait : to wish,* *to desire.*	*Voulez-vous réussir?* = *Do you wish to succeed?*
— un *goût* (*aimer* au conditionnel) : *to like.*	Je voudrais parler anglais = *I would like to speak English.*
— une *tentative : to try.*	Le bandit voulut s'échapper = *The bandit tried to escape.*
— une *exigence* matérielle : *to require.*	Ces plantes veulent beaucoup de soleil = *These plants require much sun.*
— une *disposition favorable : to be willing to, to consent.*	Nous voulons bien travailler après dîner = *We are willing to work after dinner.*
— une *intention : to intend, to mean, to want.*	Que voulez-vous dire? = *What do you mean?* Que voulez-vous faire? = *What do you want to do?*

> Où voulez-vous aller? =
> *Where do you want to go?*

N.-B. — *To mean* traduit aussi *vouloir dire* quand il a le sens de *signifier :* Que veut dire ce discours? = *What does this speech mean?*

   3. *Vouloir que* se traduit aussi de diverses manières suivant le sens.

- Comparer : Je veux qu'il mange des pommes de terre = *I want him to eat potatoes.* — Je voudrais qu'il mange des pommes de terre = *I would like him to eat potatoes.* — Je voudrais bien qu'il mange des pommes de terre = *I wish he would eat potatoes.*

Se rappeler que l'expression *Voulez-vous que je* se rend par *Shall I* [20, *b*].

22. Deux pseudo-défectifs : *to need* et *to dare*

   Les verbes ordinaires *to need* = avoir besoin et *to dare* = oser peuvent emprunter les formes des défectifs aux temps simples quand ils sont employés négativement et interrogativement :

- Il n'a pas besoin de nous dire qu'il ne viendra pas = *He need not tell us that he will not come.*

Remarquer : pas d's à la 3e personne du singulier; *need not* au lieu de *does not need.*

- Comment osez-vous parler de la sorte? = *How dare you speak like that?*

Remarquer : dare you au lieu de *do you dare.*

23. Formes contractées

Les auxiliaires et défectifs ont des formes contractées,

employées surtout dans le *langage parlé*. En voici les principaux exemples :

Forme affirmative

I've	=	I have
I'm	=	I am
He's	=	He is ou he has
I'll	=	I shall ou I will
I'd	=	I had ou I should* ou I would
You're	=	You are

Forme négative

I haven't	=	I have not
I shan't	=	I shall not
I won't	=	I will not
I don't	=	I do not
He doesn't	=	He does not
I didn't	=	I did not
I can't	=	I cannot
I couldn't	=	I could not
I wouldn't	=	I would not

---

* Lorsque *should* traduit devoir [voir 20, 4] on n'utilise jamais la forme contractée.

IV — CONJUGAISONS SPÉCIALES DU VERBE ANGLAIS

24. La conjugaison progressive ou d'actualité

a) Formule : | *to be + participe présent* |

b) La conjugaison progressive *s'emploie :*

1. quand l'action présente, passée ou future est (était, sera) *en train de se faire* (en progression, d'où le mot) au moment précis où l'on parle ou au moment dont on parle.

- *Comparer :* Je mange une pomme après les repas = *I eat an apple after meals* (présent ordinaire), *et :* Regardez-le! Il mange une pomme = *Look at him! He is eating an apple* (présent d'actualité).

What were you doing this morning, when...? = Que faisiez-vous ce matin, quand...? — *I am leaving for Halifax tomorrow* = Je pars pour Halifax demain.

2. Elle sert également à traduire les *attitudes* du corps humain ou la *position* des choses :

- *The old woman **was sitting** in the chimney corner*
  = La vieille femme était assise près de la cheminée.
  — *The book **was lying** on the table* = Le livre était
  (posé) sur la table.

3. Elle n'est nullement incompatible avec la *voix
passive*, malgré la juxtaposition forcée de deux formes du
verbe *être*.

- *He **is being** operated on for appendicitis* = On
  l'opère en ce moment de l'appendicite.

N.-B. — La forme progressive est aussi appelée présent
continu (*continuous present*). Elle est, en effet, fréquemment associée au futur :

- Je pars (= je partirai) demain pour Halifax = *I'm
  leaving for Halifax tomorrow.*

c) La conjugaison progressive *ne s'emploie pas* :

1. avec les verbes qui expriment l'action constante de
chacun des sens, notamment pas avec *voir* ni *entendre*
(mais avec *regarder* et *écouter*) :

- *I **was listening** to the speaker, but I **did not see**
  him* = J'écoutais l'orateur, mais ne le voyais pas.

2. ni avec les verbes qui exposent un fait indépendant
de la durée :

- *The wine cellar of the hotel **contains** five thousand
  bottles* = La cave de l'hôtel contient cinq mille
  bouteilles.

25. La conjugaison fréquentative ou d'habitude

a) Formule :

> 1. Au présent : *will* + *infinitif*   *
> 2. Au passé : *would* + *infinitif*
>   ou *used to* + *infinitif*

b) Emploi — La conjugaison fréquentative marque la *répétition habituelle* d'une action :

- *We go to church every Sunday* = Nous allons à l'église tous les dimanches (la locution «every Sunday» suffit pour exprimer l'idée de fréquence). — *When I was in the hospital, my parents used to come* (ou *would come*) *and see me twice a day* = Quand j'étais à l'hôpital, mes parents venaient me voir deux fois par jour.

N.-B. — La forme fréquentative du passé se traduit par l'imparfait en français.

26. La forme emphatique ou d'insistance

a) Formule :

> 1. Au prétérit, au présent et à l'impératif :
>   — en cas d'affirmation : *verbe renforcé par to do.*
>   — en cas de négation : *suppression de to do.*
> 2. Au futur : *interversion de shall et will.*

---

* Pour exprimer cette notion, l'anglais contemporain utilise tout simplement le présent de l'indicatif assorti d'un adverbe qui indique la fréquence. L'auxiliaire *will* demeure dans certaines locutions fixes, dans les proverbes et dans le langage littéraire : *When the cat's away the mice will play* = Le chat parti, les souris dansent.

b) Emploi — La conjugaison emphatique (de *emphasis* = force) renforce l'expression de la personne qui parle. Elle rend les tournures françaises : *certainement, sûrement, j'affirme que, mais si :*

- *You did say so* = Vous avez sûrement parlé ainsi. — *I know not this man* (rare) = Je ne connais pas cet homme.

À la première personne du futur (la personne qui parle), elle souligne la volonté du sujet; aux deuxièmes et troisièmes personnes, elle marque pour celles-ci l'obligation de se soumettre à la volonté de la première, impliquant ainsi une idée d'ordre, de prière, de menace :

- *I will not talk to you anymore about it but mark my words you **shall** never forget what I just said* = Je ne vous en parlerai plus, mais croyez-moi, vous n'oublierez jamais mes paroles.

CHAPITRE II

LE NOM
ET L'ARTICLE

I — LE GENRE DES NOMS

27. Les trois genres

L'anglais a trois genres :

a) le *masculin pour les noms d'hommes et d'animaux mâles;*

b) le *féminin* pour les noms de femmes et d'animaux femelles;

c) le *neutre* pour les noms d'animaux dont le sexe n'est pas précisé, et pour les noms de choses.

Exceptions — Les noms de choses considérées comme des êtres vivants sont masculins ou féminins.

Masculins : *The sun* = le soleil, et les noms de *fleuves, rivières,* etc.

Féminins : *The moon* = la lune, et les noms de *machines, de bateaux* et de *villes.*

28. Formation du féminin dans les noms de personnes et d'animaux

a) *Le féminin dérive quelquefois du masculin,* avec, en général, *-ess* pour terminaison.

1. Noms de personnes

Abbot	= abbé	: *abbess*	= abbesse
Actor	= acteur	: *actress*	= actrice
Baron	= baron	: *baroness*	= baronne
Duke	= duc	: *duchess*	= duchesse
Earl ou *Count*	= comte	: *countess*	= comtesse
Emperor	= empereur	: *empress*	= impératrice
Heir	= héritier	: *heiress*	= héritière
Host	= hôte	: *hostess*	= hôtesse
Jew	= juif	: *jewess*	= juive
Marquis	= marquis	: *marquess* ou *marchioness*	= marquise
Master	= maître	: *mistress*	= maîtresse
Peer	= pair	: *peeress*	= pairesse
Priest	= prêtre	: *priestess*	= prêtresse
Prince	= prince	: *princess*	= princesse
Shepherd	= berger	: *shepherdess*	= bergère
Traitor	= traître	: *traitress*	= traîtresse

N.-B. — On notera la curieuse dérivation suivante : le nom masculin *widower* = veuf vient du féminin *widow* = veuve.

2. Noms d'animaux

Lion = lion; *lioness* = lionne. — *Tiger* = tigre; *tigress* = tigresse.

b) Le masculin et le féminin peuvent être représentés par des noms différents :

1. Noms de personnes

Attendant	= infirmier	: *nurse*	= infirmière
Boy	= garçon	: *girl*	= fille
Brother	= frère	: *sister*	= sœur
Father	= père	: *mother*	= mère
Husband	= mari	: *wife*	= femme
King	= roi	: *queen*	= reine
Lord (My)	= Monseigneur	: *lady (milady)*	= dame (madame)
Lad	= jeune garçon	: *lass*	= fillette
Nephew	= neveu	: *niece*	= nièce
Son	= fils	: *daughter*	= fille
Sir	= Monsieur	: *madam*	= Madame
Uncle	= oncle	: *aunt*	= tante
Wizard	= sorcier	: *witch*	= sorcière

2. Noms d'animaux

Boar	= verrat	: *sow*	= truie
Buck	= chevreuil	: *roe*	= chevrette
Bull	= taureau	: *cow*	= vache
Calf	= veau	: *heifer*	= génisse

Colt	= poulain	:	*filly*	= pouliche
Cock	= coq	:	*hen*	= poule
Dog	= chien	:	*bitch*	= chienne
Drake	= canard	:	*duck*	= cane
Gander	= jars	:	*goose*	= oie
Horse	= cheval	:	*mare*	= jument
Milter	= poisson mâle	:	*spawner*	= poisson femelle
Ram	= bélier	:	*ewe*	= brebis
Stag ou *hart*	= cerf	:	*doe* ou *hind*	= biche

c) *À certains noms de personnes et d'animaux on adjoint un nom, un pronom ou un adjectif appropriés.*

1. *Noms de personnes*

A man-servant	= un domestique	:	*a maid-servant*	= une domestique
boy-friend	= ami	:	*girl-friend*	= amie
My male-cousin	= mon cousin	:	*my female-cousin*	= ma cousine
			(peu usité)	

2. *Noms d'animaux*

(He)-ass	= âne	:	*she-ass*	= ânesse
Billy-goat	= bouc	:	*she-goat*	= chèvre
Bull-elephant	= éléphant mâle	:	*cow-elephant*	= éléphant femelle
Turkey-cock	= dindon	:	*turkey-hen*	= dinde
Roe-buck	= chevreuil	:	*roe-doe*	= chevrette

N.-B. — La forme neutre du nom peut être utilisée pour le mâle : *wolf* = loup, jamais pour désigner la femelle : louve = *she-wolf*.

II — LE NOMBRE DES NOMS

29. Formation du pluriel

a) **Règle générale** — On forme le pluriel des noms en ajoutant un *s* à leur singulier :

- *A pen* = une plume. — *Some pens* = des plumes.

b) **Pluriel en es** — Il s'applique à deux catégories de noms.

1. Les uns prennent *es* sans que la syllabe finale du singulier subisse de modifications. Ce sont les noms terminés au singulier par :

— *o*, à l'exception des noms d'origine étrangère ou des abréviations de noms récent :

- *Hero* = un héros : *heroes*. Mais *canto* = chant : *cantos*.

— *ch*, si le mot se prononce *tch* :

- *Church* = église : *churches*. Mais *monarch* = monarque : *monarchs*, parce qu'ici *ch* se prononce *k*.

— *ss, x, sh* et *z* :

- *Glass* = verre : *glasses*. — *Box* = boîte : *boxes*. —

Bush = buisson : *bushes.* — *Buzz* = bourdonnement : *buzzes.*

2. Les autres prennent *es,* après légère altération de la dernière syllabe du singulier; c'est le cas :

— de certains noms terminés par *f* ou *fe* : pluriel en *ves* :

Calf	= veau	: *calves*	*Sheaf*	= gerbe	: *sheaves*
Elf	= lutin	: *elves*	*Shelf*	= rayon	: *shelves*
Half	= moitié	: *halves*	*Thief*	= voleur	: *thieves*
Knife	= couteau	: *knives*	*Wharf*	= embarcadère	: *wharves*
Leaf	= feuille	: *leaves*	*Wife*	= femme	: *wives*
Life	= vie	: *lives*	*Wolf*	= loup	: *wolves*
Loaf	= miche	: *loaves*			

— des noms terminés par un *y* précédé d'une consonne : pluriel en *ies.*

• *Lady* = dame : *ladies.* — *Fly* = mouche : *flies.* Mais : *day* = jour : *days.*

c) ***Pluriels irréguliers*** — Ce sont ceux de quelques noms ayant :

1. soit une *origine anglo-saxonne :*

Brother	= frère	: *brethren*	*Foot*	= pied	: *feet*
Child	= enfant	: *children*	*Goose*	= oie	: *geese*
Die	= dé	: *dice*	*Louse*	= pou	: *lice*
Man	= homme	: *men*	*Tooth*	= dent	: *teeth*
Mouse	= souris	: *mice*	*Woman*	= femme	: *women*
Ox	= bœuf	: *oxen*			

2. soit une *origine étrangère :* pluriel de leur propre langue :

Analysis	= analyse	: *analyses*	*Formula*	= formule	: *formulae*
Bacillus	= bacille	: *bacilli*	*Oasis*	= oasis	: *oases*
Bandit	= bandit	: *banditti*	*Phenomenon*	= phénomène	: *phenomena*
Crisis	= crise	: *crises*	*Terminus*	= terminus	: *termini*
Dilettante	= dilettante	: *dilettanti*	*Virtuoso*	= virtuose	: *virtuosi*

d) ***Pluriel des noms propres*** — Il suit la règle générale, mais quand le nom propre est précédé de **Mr.** ou **Miss,** on met seulement au pluriel soit le titre, soit le nom propre :

• *The Stuarts. The Baldwins. The Misses Baldwin*
ou *The Miss Baldwins* = les demoiselles Baldwin.

30. Noms invariables

Ne changent pas de forme en passant du singulier au
pluriel :

a) Les *noms* suivants exprimant une quantité, quand
ils sont *précédés d'un adjectif numéral.* On les
traite ainsi comme *hundred* = cent, *thousand* =
mille, *million* = million [56, *c*].

pair	= paire	*brace*	= paire	*score*	= vingtaine
couple	= couple	*dozen*	= douzaine		

• *Five dozen oysters* = cinq douzaines d'huîtres.

N.-B. — Même précédé d'un adjectif numéral, *pair* peut
avoir aussi un pluriel normal :

• *Two pairs of stockings* = deux paires de bas.

Mais les uns et les autres prennent le pluriel quand ils
sont *indéterminés* :

• *They died by scores* = Ils moururent par vingtai-
nes.

b) Plusieurs *noms d'animaux* et quelques autres :

Cod	=	morue	*Snipe*	=	bécassine
Deer	=	daim	*Swine*	=	porc
Grouse	=	coq de bruyère	*Trout*	=	truite
Salmon	=	saumon	*Craft*	=	bateau
Sheep	=	mouton	*Heathen*	=	païen
				etc.	

c) Les *adjectifs employés substantivement* [50].

31. Le nombre des noms et leur sens

*a) Certains noms peuvent changer de sens en
passant du singulier au pluriel :*

Circumstance = circonstance	*Circumstances* = circonstances *et* moyens d'exist.	
Colour = couleur	*Colours* = couleurs	- drapeau

Custom = coutume	*Customs* = coutumes	- douane
Compass = boussole	*Compasses* = boussoles	- compas
Drawer = tiroir	*Drawers* = tiroirs	- caleçon
Draught = courant d'air	*Draughts* = courants d'air	- jeu de dames*
Physic = médicament	*Physics* = (science)	- physique
Spectacle = spectacle	*Spectacles* = spectacles	- lunettes**
Spirit = esprit	*Spirits* = esprits	- spiritueux
Work = travail	*Works* = travaux	- usine

b) **D'autres noms ont deux pluriels, avec, pour chacun, un sens différent :**

Singulier	1er pluriel	2e pluriel
Brother = frère	*Brothers* = frères (par le sang)	*Brethren* = frères (par la religion)
Cloth = étoffe	*Cloths* = étoffes	*Clothes* = vêtements
Foot = pied	*Feet* = pieds	*Foot* = infanterie (fantassins)
Genius = génie	*Geniuses* = hommes de génie	*Genii* = génies (lutins)
Horse = cheval	*Horses* = chevaux	*Horse* = cavalerie (cavaliers)
People = peuple, nation	*Peoples* = peuples, nations	*People* = personnes, gens

N.-B. — 1. Ne pas confondre : ***two people*** = deux personnes et ***two great peoples*** = deux grandes nations.

2. ***Fish*** = poisson, et ***fruit*** = fruit, peuvent, au singulier, avoir un sens collectif. Ils ne prennent le pluriel que s'il est question de fruits et de poissons divers.

• ***Fruit is good for you*** = les fruits sont bons pour vous. —***Here are pomegranates, oranges, apples and other fruits*** = Voici des grenades, des oranges, des pommes et d'autres fruits. ***Fishes*** ne s'emploie que dans un sens technique (espèces différentes) ou dans le langage littéraire.

32. Le nombre des noms et l'accord du verbe

a) **Le verbe s'accorde généralement avec le nom-sujet,** c'est-à-dire qu'à un nom singulier de forme

---

* Remarque : l'orthographe «draft» est actuellement plus courante. Autre traduction de jeu de dames = *checkers*.

** Usage britannique.

correspond un verbe au singulier, à un nom pluriel de forme, un verbe au pluriel.

b) Exceptions : 1. *Les noms collectifs* appellent parfois (et surtout dans l'usage britannique) leur *verbe au pluriel :* c'est le cas notamment de *family* (famille), *folk* (gens), *clergy* (clergé), *government* (gouvernement), *cattle* (bétail), *poultry* (volaille).

- *The family are about to leave for their holidays =* La famille est sur le point de partir en vacances.

N.-B. — Il s'agit ici des membres de la famille. *Family* (dans le sens de l'institution familiale) demandera un verbe au singulier.

2. *Certains noms de forme pluriel* sont suivis d'un *verbe au singulier :*

— ainsi les *noms de sciences* comme *mathematics =* mathématiques; *optics =* optique; *politics =* politique; *economics =* économie.

— et surtout : *news =* nouvelles.

- *The news is good this morning =* les nouvelles sont bonnes, ce matin.

3. Il va de soi que, dans le cas des *noms invariables,* le verbe se met au singulier ou au pluriel *suivant le sens.*

c) Enfin *ne pas oublier* que :

1. *un nom anglais singulier peut traduire un nom français pluriel.*

Advice	=	conseils
Business	=	affaires
Care	=	soins
Darkness	=	ténèbres
Furniture	=	meubles
Hair	=	cheveux
Havoc	=	dégâts
Intelligence	=	renseignements
Information	=	informations

Property	=	biens, possessions
Rubbish	=	ordures
Spinach	=	épinards
Strength	=	forces
Wealth	=	richesses
Luggage	=	bagages
Knowledge	=	connaissances (intellectuelles).

• *Business is business* = Les affaires sont les affaires.

N.-B. — 1. *Business* signifiant affaire commerciale, firme, a un pluriel *businesses*.

2. Un avis, un meuble, un bagage se tournent par *a piece of advice*, ... *of furniture*, ... *of luggage*.

2. *un nom anglais pluriel peut traduire un nom français singulier.*

Alms	=	aumône
Billiards	=	billard
Bellows	=	soufflet
Brains	=	intelligence
Breeches	=	culotte
Contents	=	contenu
Customs	=	douane
Dregs	=	lie
Eyeglasses	=	lorgnon
Embers	=	braise
Fireworks	=	feu d'artifice
Measles	=	rougeole
Oats	=	avoine
Pants	=	pantalon
Premises	=	lieu
Riches	=	richesse
Scales	=	balance
Shears	=	tondeuse
Suds	=	mousse de savon
Trousers	=	pantalon

N.-B. — On dit aussi *a pair of bellows*, ... *of breeches*,

... *of pants*, ... *of trousers*, etc., pour désigner ces objets doubles. D'où *three pair of scales* = trois balances.

33. Cas particulier de l'emploi du pluriel

Dans la phrase : Les hommes n'auraient pas dû garder *leur chapeau sur la tête*, le français considère que *chaque homme* a *une* tête et *un* chapeau : il met tête et chapeau au *singulier*.

L'anglais, considérant au contraire qu'il y a *au total* plusieurs têtes et plusieurs chapeaux, traduira par le *pluriel* :

The men should not have kept their hats on their heads.

Mais si l'on dit : les trois frères descendirent la rivière dans leur canot, l'anglais traduira :

The three brothers rowed down the river in their canoe.

S'il n'y a, en effet, qu'*un* seul canot *au total*.

Quand il est question de plusieurs possesseurs, à chacun desquels appartient un objet, le nom de cet objet, singulier en français, prend, en anglais, le pluriel.

III — LES NOMS COMPOSÉS
LE CAS POSSESSIF

34. Noms composés de deux noms

a) Éléments — Deux noms juxtaposés ou liés par un trait d'union forment un composé : le premier sert de *qualificatif* au second qui est le *nom véritable.*

Attention! Dans la traduction de l'anglais vers le français du nom composé, on commencera par le dernier nom :

- *A race horse* = un cheval de course. — *A horse race* = une course de chevaux.

b) Emploi — 1. *On forme des noms composés* pour ajouter au nom véritable une précision :

— *lieu : A country house* = une maison de campagne.
— *matière : A silk ribbon* = un ruban de soie.
— *valeur : A five-pound note* = un billet de cinq livres.
— *temps : An eight-hour shift* = un quart de huit heures.
— *usage : A carving knife* = un couteau à découper.

— *espèce* : *A freshwater fish* = un poisson
d'eau douce.

2. *On ne forme pas de nom composé avec :*

— Les noms *abstraits :*

• *A point of conscience* = Un cas de conscience.

— Les noms qui indiquent la *contenance* d'un réci-
pient :

• *A cup of tea* = une tasse de thé. Ne pas confondre
avec *teacup* = une tasse à thé.

c) **Pluriel** — Le nom proprement dit peut prendre la
   marque du pluriel; le nom qualificatif reste invariable même s'il a un sens pluriel.

• *A toothbrush* = une brosse à dents. — **Tooth-
brushes** = des brosses à dents.

Si néanmoins le nom qualificatif est pluriel en soi,
c'est-à-dire n'a pas de singulier au moins dans le sens employé, il conserve sa forme :

• *A goods station* = une gare de marchandises. — *A
clothes brush* = une brosse à habits.

N.-B. — On remarquera que l'usage peut avoir fondu en
un seul mot les deux éléments d'un nom composé. Ainsi en
est-il des noms suivants :

Smith (ouvrier en métaux) a donné naissance à **gunsmith**
= armurier, **goldsmith** = orfèvre.

Wright (ouvrier travaillant le bois) a donné naissance à
wheelwright = charron.

Monger (marchand) a donné naissance à **costermonger**
= marchand de quatre saisons.

Herd (gardien) a donné naissance à **shepherd** = berger.

35. Autres noms composés

Les noms composés peuvent être formés non

seulement de deux noms, mais encore de mots divers : dans ces expressions, c'est le mot principal qui prend la marque du pluriel :

- *Passers-by* = passants; *brothers-in-law* = beaux-frères; mais : *grown-ups* = adultes; *forget-me-nots* = myosotis.

36. Formation du cas possessif

Quand un nom représente un objet et que son complément en désigne le possesseur, l'anglais emploie une construction particulière, le *cas possessif* :

a) Le complément (nom du possesseur) est un singulier :

Nom du possesseur + *'s* + *nom de l'objet possédé*
Jamais d'article après le cas possessif

- *Peter's book* = **the book of Peter* = le livre de Pierre.

Si le nom du possesseur se présente sous la forme d'une locution, c'est le dernier mot de la locution qui prend la terminaison *'s* :

- *Your father-in-law's factory* = l'usine de votre beau-père.

N.-B. — Même si le nom du possesseur se termine par un ou deux *s*, la formule précédente reste valable :

- *The princess's jewels* = les bijoux de la princesse.

b) Le complément (nom du possesseur) est au pluriel.

1. *Pluriel en s;* on ajoute seulement une apostrophe après cet *s*.

- *Our sons' books* = les livres de nos fils.

2. *Pluriel irrégulier :* on applique la formule du singulier.

- *Your children's toys* = les jouets de vos enfants.

→ *Indication pratique* ←

Doit-il y avoir ou non un article devant le cas possessif? Pour s'en assurer on recourt à la tournure ordinaire avec *of.* C'est après le mot ou l'expression qui suit *of* que se place le cas possessif.

- La maison de Shakespeare = **The house of Shakespeare* = *Shakespeare's house.* — La maison du premier ministre du Canada = *The prime minister of Canada's house.*

37. Emploi du cas possessif

a) Le cas possessif est généralement *réservé aux noms d'êtres animés.*

1. Il s'emploie donc avec les noms désignant des *personnes* ou des *animaux,* mais pas avec les adjectifs employés substantivement, ni en principe avec les noms collectifs.

- *The sailor's daughter* = la fille du marin; *my dog's collar* = le collier de mon chien. — Mais : *the dogs of the blind* = les chiens des aveugles; *the wrath of the mob* = la colère de la populace.

2. Il ne s'emploie *pas avec les noms de choses* à moins qu'elles ne soient personnifiées :

- *The streets of the town* = les rues de la ville. — Mais *Poland's martyrdom* = le martyre de la Pologne.

b) **Cependant,** on trouve le cas possessif :

1. avec n'importe quel nom devant un *gérondif* [88, *a*].

2. avec un nom de chose :

— dans des formules de *temps* ou de *distance :*

• *A two hours' walk* = une promenade de deux heures; *a twenty miles' circuit* = un circuit de vingt milles.

— ou dans des expressions courantes comme :

A pin's head = une tête d'épingle. — *A needle's eye* = un chas d'aiguille. — *The sun's rays* = les rayons du soleil. — *Nature's voice* = la voix de la nature. — *To his heart's content* = à cœur joie. — *He is at his wit's end* = il y perd son latin. — *For form's sake* = pour la forme. — *For pity's sake* = par pitié.

38. Forme abrégée du cas possessif

Le nom de l'objet possédé disparaît :

a) quand il figure ailleurs dans la phrase et peut être sous-entendu *sans ambiguïté :*

• *These black gloves are my sister's* = ces gants noirs sont (les gants) de ma sœur = ... sont ceux de ma sœur = ... sont à ma sœur [70, *b*].

b) quand il désigne certains lieux comme *house* = maison, *church* = église, *palace* = palais, *shop* = boutique.

• *I went to the bookseller's yesterday* = ... *bookseller's (shop) yesterday* = je suis allé hier chez le libraire. — *He lives at his brother's* = ... *at his brother's (house)* = il vit chez son frère.

39. Traduction de *chez*

a) Au sens le plus courant, chez peut :

1. introduire un pronom de la même personne que le sujet de la proposition — introduire un pronom d'une autre personne — introduire un nom.

2. n'indiquer aucun déplacement — marquer un déplacement vers... — marquer un déplacement à partir de...

D'où le tableau suivant :

Idée	*Chez* + pronom de même pers. que suj.	*Chez* + pronom d'une autre personne	*Chez* + nom
Sans mouvement	*at home* Je n'étais pas chez moi = *I was not at home*	*at* + adj. pos. + *house* Il n'était pas chez moi = *He was not at my house*	*at* + cas possessif Il vit chez son frère = *He lives at his brother's*
Mouvement vers	*home* sans préposition Il rentre chez lui = *He is going home*	*to* + adj. pos. + *house* Il est venu chez moi = *He came to my house*	*to* + cas possessif Je suis allé chez le libraire hier = *I went to the bookseller's yesterday*
Mouvement à partir de	*from home* Revenez-vous de chez vous? = *Are you coming back from home?*	*from* + adj. possessif + *house* Nous revenons de chez lui = *We are coming from his house.*	*from* + cas possessif Nous revenons de chez notre grand-père = *We are coming from our grandfather's*

b) Chez peut encore signifier :

1. *en, dans* (il s'applique alors au caractère d'un individu). Traduction : *in.*

- Il y a peu de courage chez cet enfant = *there is little courage in this child.*

2. *parmi, auprès de* (il vise alors une collectivité). Traduction : *among.*

- Une telle loi ne serait pas entrée en vigueur chez nos ancêtres = *Such a law would not have come into effect **among** our forefathers.*

IV — L'ARTICLE DÉFINI

40. Forme unique de l'article défini

L'article défini n'a qu'une forme : *the,* forme contractée et atténuée du démonstratif *this.*

	Masculin	Féminin	Neutre
Singulier :	*The father*	*The mother*	*The house*
Pluriel :	*The fathers*	*The mothers*	*The houses*

41. Emploi de l'article défini : principe général

a) Règle — En raison de son caractère démonstratif, l'article ne peut précéder qu'un *nom déterminé.*

1. *Un nom est déterminé :*

— par son *propre sens (quand il désigne un objet unique) :*

• *The sun* = le soleil. *The world* = le monde. *The north* = le Nord.

Exceptions : *Nature* = la nature; *Hell* = l'Enfer; *Paradise* = le Paradis; *Purgatory* = le Purgatoire; *Tartarus* = les Enfers. — On dit, d'autre part : *from north to south* = du nord au sud.

— par le *sens de la phrase* :

• *The bread is still in the oven* = le pain est encore dans le four. (Quel pain? Celui dont nous avons besoin…)

— par un *complément* :

• *This baker's bread is often stale* = le pain de ce boulanger est souvent rassis (Quel pain? Réponse évidente.)

— par une *proposition relative* :

• *Here is the bread that I shall eat with my vegetables* = Voici le pain que je mangerai avec mes légumes. (Quel pain? Réponse également évidente.)

On écrira par contre :

• *Bread is not good for me* = Le pain n'est pas bon pour moi. (Quel pain? Le pain en général.)

2. *Un nom n'est pas déterminé par son épithète :*

• *Stale bread is better than new bread for the liver* = le pain rassis est meilleur pour le foie que le pain frais. (Quel pain rassis? — Le pain rassis en général.)

→ *Indication pratique* ←

Un nom est déterminé si, formant avec ce nom (et, s'il y a lieu, l'épithète qui l'accompagne) la question *quelle personne?*… (ou *quel animal* ou *quelle chose?*) on obtient une *réponse précise.* L'article s'emploie alors *sous réserve des cas particuliers indiqués plus loin.*

b) Applications — Ne prennent l'article que s'ils sont déterminés :

1. les noms *abstraits :*

- *Laziness begets a lot of vices* = La paresse engendre de nombreux vices. — Les adjectifs employés substantivement sont toutefois précédés de l'article : *The good* = le bien; *the true* = le vrai.

2. les noms de *matières,* de *substances,* de *couleurs :*

- *Blue clashes with green* = Le bleu jure avec le vert.

3. les noms de *saisons* et de *fêtes :*

- *Autumn is the season of plenty* = L'automne est la saison de l'abondance.

4. les noms de *jeux,* de *sports,* de *repas :*

- *Bridge is a fascinating game* = Le bridge est un jeu passionnant.

5. les noms de *maladies* (sauf *plague* = peste) prennent toutefois l'article quand ils sont précédés de *to have :*

- *Influenza may be dangerous* = La grippe peut être dangereuse. — *He has the measles* = Il a la rougeole. — *I have the flu* = J'ai la grippe.

Mais on dira : The laziness of this boy is extraordinary; the blue of his sweater... etc.

42. Règles particulières

a) Noms de collectivités — 1. Les *collectifs* proprement dits prennent l'article :

- *The crowd rushed* = La foule se précipita.

2. Les autres noms désignant *toute* une catégorie d'individus (par exemple une espèce) ou d'objets prennent l'article au singulier et le perdent au pluriel :

- *The nightingale sings during the night* = Le rossignol chante durant la nuit. — *Dahlias and tulips have no scent* = Les dahlias et les tulipes n'ont pas d'odeur.

- *The priest is God's representative* = Le prêtre est le représentant de Dieu. — *Airplanes have completely taken the place of air-ships* = Les avions ont complètement supplanté les dirigeables.

Exceptions importantes : Man et *woman* ne prennent pas l'article au singulier. — Les noms de *groupes nationaux* ou *religieux* considérés dans leur ensemble prennent l'article au pluriel :

- *The English Catholics were emancipated in the XIXth century* = Les catholiques anglais furent émancipés au XIXe siècle.

b) *Noms géographiques.* — 1. Les noms de *pays* ne prennent pas l'article, sauf s'ils sont au pluriel :

- *Germany* = l'Allemagne. — Mais : *the United States* = les États-Unis. — *The West Indies* = les Antilles.

Exceptions : Wales = le Pays de Galles; *Flanders* = les Flandres; *the Crimea* = la Crimée; *the Sahara* = le Sahara; *the Sudan* = le Soudan; *the Transvaal* = le Transvaal; *the Tyrol* = le Tyrol.

2. Les noms de *montagnes* prises isolément, de *caps,* de *lacs,* etc., ne prennent pas l'article, sauf s'ils sont suivis de *of :*

- *Mount Carmel* = le mont Carmel; *Cape Finisterre* = le cap Finisterre; *Lake Huron* = le lac Huron — Mais : *the Cape of Good Hope* = le cap de Bonne-Espérance.

3. Les noms de *chaînes de montagnes,* de *rivières* et de *mers* prennent l'article :

- *The Laurentians* = les Laurentides; *the Saguenay*

= le Saguenay; *the Atlantic Ocean* = l'océan Atlantique.

c) *Noms de personnes. Titres* — 1. Les noms de personnes que précède un titre sans *of*, un qualificatif familier ou un terme de parenté ne prennent pas l'article :

- *Queen Elizabeth II* = la Reine Élizabeth II — *Uncle Pat* = l'oncle Patrick. — *Faithful* Peggoty* = la fidèle Peggoty.

2. Les noms de personnes précédés d'un adjectif sans nuance de familiarité, les titres suivis de *of* et ceux qui ne sont pas portés en Angleterre veulent l'article :

- *The unfortunate Charles I* = l'infortuné Charles Ier. — *The Earl of Clarendon* = le comte de Clarendon. — *The Emperor Napoléon* = l'empereur Napoléon.

Exceptions : pour *pope* et *president*.

- *Pope John Paul* = le pape Jean-Paul; *President Lincoln* = le président Lincoln.

N.-B. — Le mot *princess* prend ou ne prend pas l'article :

- *Princess Elizabeth* ou *the princess Elizabeth*.

d) *Noms de navires* — Ils prennent l'article à moins qu'ils ne soient précédés de *ship :*

- *The Queen Elizabeth* — Mais : *Her Majesty's Ship Queen Elizabeth*.

e) *Dates et expressions de temps*

— La date proprement dite : *on the twenty-seventh of January* = le 27 janvier.

---

* Remarquer l'orthographe de l'adjectif *faithful* (un seul *l* final). *Full* = plein, prend deux *l*, mais tous ses composés n'en prennent qu'un : *beautiful* = superbe; *bountiful* = généreux, bienfaisant; *doubtful* = suspect, incertain; *frightful* = affreux, épouvantable; *grateful* = reconnaissant, réconfortant, et *ungrateful* = ingrat, désagréable; *helpful* = serviable.

— Les jours de la semaine : *on Sunday* = dimanche prochain (ou dernier); *on Sundays* = le dimanche (tous les dimanches).

— Les parties de la journée : *in the day* = le jour; *in the morning* = le matin; *in the afternoon* = l'après-midi; *in the evening* = le soir.

Mais *all day* = tout le jour; *all night* = toute la nuit; *by days* = de jour; *by night* = de nuit; *at sunrise* = au lever du soleil; *at sunset* = au coucher du soleil; *at nightfall* = à la nuit tombante; *at night* = la nuit; *from morning till night* = du matin jusqu'au soir.

— Le passé et l'avenir : *in the year 1931* = au cours de l'année 1931; *the day before* = la veille de; *the day after* = le lendemain de. — Mais, *last year* = l'année dernière; *last month* = le mois dernier; *last week* = la semaine dernière, et : *next year; next month; next week* (next = prochain).

f) Expressions diverses :

To be in the country; in the mountains; at the seaside = être à la campagne; à la montagne; au bord de la mer.

Mais to be in bed, at church, at market, at school, in town, at rest = être au lit, à l'église, au marché, à l'école, en ville, au repos; *to go to bed, to church, to market, to school, to town* = aller au lit... *To arrive first* = arriver le premier; *to leave last* = partir le dernier; *to make peace* = faire la paix; *to make war* = faire la guerre.

N.-B. — Les parties du corps humain, au sens anatomique, prennent l'article :

- *The head and the legs* = La tête et les jambes. — Mais on dira : *He has pain in his legs* = Il a une douleur dans les jambes.

43. Chute de *the* ou remplacement de l'article défini français

a) *L'article défini anglais*

1. *tombe* nécessairement avec le *cas possessif* [36, *a*] et après le pronom relatif *whose* [73, *a*, 2].

2. *ne se répète pas* dans les énumérations :
• *The father, mother and children live on vegetables* = le père, la mère et les enfants vivent de légumes.

b) *L'article défini français se traduit quelquefois :*

1. par l'*article indéfini* [45, *e*];

2. par l'*adjectif possessif* [64, *b*, 2].

V — L'ARTICLE INDÉFINI

44. Deux formes — Pas d'article pluriel

a) L'article indéfini anglais a deux formes pour le singulier (qui conviennent au masculin comme au féminin) :

1. *a* devant les consonnes, les *h* aspirés, le son *iou*, devant *y, w* et *one :*

- *A cottage* = une maisonnette; *a horse* = un cheval; *a union* = une union; *a European* = un Européen; *a ewe* = une brebis; *a year ago* = il y a un an; *a war* = une guerre; *a one-eyed man* = un borgne.

2. *an* devant les voyelles et les *h* muets (dans *hour* = heure, *heir* = héritier; *honour* = honneur; *honest* = honnête et leurs dérivés) :

- *An event* = un événement; *an honest man* = un honnête homme.

b) L'article indéfini français ne se traduit pas quand il est au pluriel (*des*).

- *There are people that...* = Il y a des gens qui...

45. Emploi et place de l'article indéfini

a) Par définition, l'article indéfini anglais ne peut jamais accompagner qu'un *nom singulier.*

b) L'anglais *n'emploie pas* l'article indéfini :

1. *comme le français,* avec un *nom abstrait sans épithète, sauf* quand ce nom est suivi d'un complément ou d'une proposition qui le déterminent :

- *He did it with spite* = Il l'a fait avec méchanceté.
  — Mais : *he did it with a spite I could not have imagined* = Il l'a fait avec une méchanceté que je n'aurais pu imaginer.

2. *contrairement au français,* avec un *nom abstrait précédé d'une épithète :*

- *He did it with great spite* = Il l'a fait avec une grande méchanceté.

c) L'anglais *emploie* l'article indéfini *contrairement au français :*

1. avec un nom faisant fonction d'*apposition* ou d'*attribut :*

- *Galsworthy, a famous English novelist* = Galsworthy, célèbre romancier anglais. — *My landlord is a widower* = Mon propriétaire est veuf.

Exception : Si la qualité exprimée par l'apposition ou l'attribut ne convient qu'à une seule personne au moment où l'on parle, l'article tombe; on le remplace par *the,* si la qualité ne peut jamais convenir qu'à une seule personne.

- *Mr. Brown, managing director of our company...* = M. Brown, directeur de notre société... — *Gutenberg, the inventor of printing* = Gutenberg, inventeur de l'imprimerie.

2. après l'exclamatif *what,* avec un nom qui n'est ni nom de matière ni nom abstrait :

- *What a good boy!* = quel bon garçon! — Mais :

what courage! = quel courage! — *What good old wine!* = quel bon vieux vin!

Cas particulier : what a pity! = quel dommage!

3. après les *prépositions* introduisant un nom concret :

- *Don't you see this child is eating without a fork?* = Ne voyez-vous pas que cet enfant mange sans fourchette? — *He behaved like a wicked boy* = Il s'est conduit en mauvais garçon.

d) L'anglais *emploie* l'article indéfini, *comme le français*, mais en le plaçant entre l'adjectif et le nom :

1. avec toute *épithète modifiée* par l'un des adverbes *so* = si, *as* = aussi, *too* = trop, *how* = comme, combien. Se méfier de la tournure française.

- *So good a man* = un si brave homme; *as large a drawing-room* = un aussi grand salon; *too long a nose* = un nez trop long; *how nice a country!* = quel beau pays! (combien beau).

2. après *such* = tel, *half* = demi.

- *Such a man* = un tel homme; *such a good man* = un si brave homme (comparer avec *so good a man*). — Mais : *such men* = de tels hommes (nom pluriel); *such wine* = un tel vin (nom de matière); *such valour* = une telle vaillance (nom abstrait).

- *Half a dozen* = une demi-douzaine. Mais : *A dozen and a half* = une douzaine et demie.

e) L'anglais emploie l'article indéfini au lieu de l'article défini français :

1. devant la *partie du corps* accompagnée d'une épithète, dans une *description :*

- *She has too round a head and a prominent chin* = Elle a la tête trop ronde et le menton proéminent.

2. devant l'*unité* de mesure ou de nombre, dans une *évaluation* :

- *Pears are sold fifty cents a pound* = Les poires se vendent cinquante cents la livre. — On dira de même : ... *ten dollars a meter* = ... dix dollars le mètre; ... *ninety cents a dozen* = ... quatre-vingt-dix cents la douzaine.

N.-B. — Mais on dira : *Every day, I buy my wine by the gallon* = J'achète tous les jours mon vin au gallon. De même : *by the pound, by the meter...* = à la livre, au mètre... (107, *a*).

f) Expressions diverses

All of a sudden	=	tout à coup
At a stretch	=	d'une traite
On an average	=	en moyenne
On a large scale	=	sur une grande échelle
To be a prey to	=	être la proie de
To be in a passion	=	être en colère
To be in a hurry	=	être pressé
To be at a loss	=	être très embarrassé, désemparé
To be on a journey	=	être en voyage
To go on a journey	=	aller en voyage
To have a mind to	=	avoir envie de
To have a right to	=	avoir le droit de
To have an appetite	=	avoir de l'appétit
To have a turn for	=	avoir des dispositions pour
To have an opportunity	=	avoir l'occasion
To get into a scrape	=	mettre dans de mauvais draps
To make a fire	=	faire du feu
To make a fortune	=	faire fortune
To take a stand	=	prendre position
To put an end to	=	mettre fin à
To make a last farewell	=	faire ses adieux à

To bear somebody　　　= garder rancune
a grudge　　　　　　　　à quelqu'un

46. Traduction de l'article partitif français : *du, de la, de, des*.

Du, de la, de, des, placés devant le sujet ou l'objet du verbe sont appelés articles partitifs : terme impropre. En effet :

    a) *Du, de la, de, des* n'ont parfois aucun sens partitif, n'évoquent aucune idée de quantité, de nombre. Ils ne se traduisent pas alors en anglais :

- Du vin frelaté est nocif = *Mulled wine is harmful.* — Je préfère boire de la bière = *I prefer drinking beer.* — Notre voisin élève des chevaux = *Our neighbour breeds horses.*

    b) *Du, de la, de, des*, évoquant au contraire une idée de *quantité*, de *nombre*, sont *articles partitifs* et se traduisent par les adjectifs indéfinis *some, any, not any, no :*

    1. *some* dans les phrases *affirmatives :*

- J'ai vu de belles fleurs dans la serre du jardinier = *I have seen some nice flowers in the gardener's greenhouse.*

    2. *any* dans les phrases *négatives, interrogatives, hypothétiques ou dubitatives :*

- Je n'ai pas d'argent = *I don't have any money.* — Avez-vous des livres anglais? = *Have you any English books?* — Si j'avais des amis, je ne m'ennuierais pas autant = *If I had any friends, I would not feel so bored.*

N.-B. — On peut remplacer *not any* par *no.*

- *I do not have any money* = *I have no money.*

    3. cependant *some* s'emploi au lieu de *any :*

— dans les phrases interro-négatives :

- Ne voulez-vous pas lui prêter de livres? = *Won't you lend him some books?*

— dans les phrases interrogatives quand on espère une réponse affirmative :

- Voulez-vous me montrer des tableaux? = *Will you show me some pictures?*

N.-B. — Ne pas confondre *du, de la, des,* articles partitifs avec les articles contractés de même forme, qui sont :

1. ou bien placés devant le complément de nom et se traduisent soit par *of* suivi ou non de l'article, soit par le cas possessif :

- La cage du perroquet = *the cage of the parrot.* — Les boucles d'oreille de ma mère = *my mother's earrings* [36, *a*].

2. ou bien placés devant un complément circonstanciel (d'origine) et se traduisent par *from* suivi ou non de l'article.

- Les moissonneurs reviennent des champs = *The harvesters are coming back from the fields.*

CHAPITRE III

ADJECTIFS ET PRONOMS

I — L'ADJECTIF QUALIFICATIF

47. Règle commune à tous les adjectifs

À part l'adjectif possessif de la 3e personne [63] et les démonstratifs *this* et *that* [68], *tous les adjectifs anglais,* qualificatifs, numéraux, possessifs, etc., *sont invariables.*

48. Place de l'épithète et de l'attribut

a) L'adjectif épithète se place *devant le nom :*

- *A fashionable gentleman* = un monsieur élégant.

La règle est valable même s'il y a plusieurs adjectifs :

- *A cold, still winter morning* = une matinée d'hiver, froide et tranquille. — *A poor, unhealthy boy* = un garçon pauvre et maladif.

N.-B. — On remarquera que l'anglais : 1. accole les adjectifs sans rendre la préposition; — 2. met auprès du nom l'adjectif ayant un rapport plus direct avec lui, par exemple celui qui exprime une qualité physique.

L'épithète, toutefois, suit le nom dans les cas suivants :

1. quand il est accompagné d'un complément :

- *A boy **worthy** of friendship* = un garçon digne
  d'amitié.

2. quand il commence par le préfixe *a-* : *asleep*, *afraid*,
etc.

- *A baby **asleep*** = un enfant endormi.

3. quand il joue le rôle d'un attribut malgré l'absence
de verbe exprimé :

- *All the men **able-bodied** were mobilized* = Tous
  les hommes (qui étaient) valides furent mobilisés.

N.-B. — Les pronoms indéfinis *something*, *anything*,
nothing peuvent être suivis d'une épithète :

- *Something sure* = quelque chose de sûr. —
  Nothing new = rien de nouveau.

  b) L'attribut, comme en français, se place *après le
  nom, au-delà du verbe :*

- *I want my friends to be happy* = Je veux que mes
  amis soient heureux.

49. Adjectifs composés

Les adjectifs composés peuvent être formés de mots
très divers. Voici les principales catégories :

1. *adjectif + adjectif : Dark green eyes* = des yeux vert
   sombre.
2. *adjectif + participe passé* (sens passif) : *A ready-
   made suit* = un complet de confection.
3. *adjectif + participe présent* (sens actif) : *A good-
   looking girl* = une jolie fille.
4. *adjectif + nom : A long-distance telephone call* = un
   appel interurbain. — *An eight-year term* = un mandat
   de huit ans. — *A two-way conversation* = une conversation à deux. — *A ten-year-old child* = un enfant de
   dix ans.
5. *adjectif + nom* avec suffixe *-ed* (formé du participe

passé, construction fréquente dans les descriptions) : *A blue-eyed boy* = un garçon aux yeux bleus. — *A hard-hearted man* = un homme au cœur dur. — *A double-bedded room* = une chambre à deux lits.

6. *nom* + *adjectif* : *Sky-blue socks* = des chausettes bleu ciel.

7. *nom* + *participe passé* (sens passif) : *A worm-eaten board* = une planche vermoulue.

8. *Nom* + *nom* avec suffixe -ed : *A thatch-roofed house* = une maison au toit de chaume.

9. *Nom* + *nom* : *A life-size doll* = une poupée de grandeur nature.

10. *adverbe* + *participe passé* : *A well-educated boy* = un garçon bien élevé.

11. *préposition* + *participe passé* : *An overdone roast* = un rôti trop cuit.

50. Adjectifs employés substantivement

a) *Règle générale* — L'adjectif anglais ne s'emploie substantivement, et toujours avec l'article :

1. *au singulier*, que s'il exprime une *abstraction*.

2. *au pluriel*, que s'il désigne une *catégorie entière* d'individus; il est alors *invariable* :

• *The true* = le vrai; *the good* = le bien (*good* = bon). — *All things considered, I don't think that the blind are unhappier than the deaf and dumb* = Tout bien considéré, je ne crois pas que les aveugles soient plus malheureux que les sourds-muets. — *All the sick in the hospital received presents on Boxing Day* = Tous les malades de l'hôpital ont reçu des étrennes le 26 décembre.

Mais : *A deaf man* = un sourd; *a few sick people* = quelques malades.

b) *Règles particulières aux adjectifs marquant*

l'appartenance à des groupes nationaux, ethniques, etc.

1. *Groupes nationaux* — Les adjectifs indiquant la nationalité sont pour la plupart en *ch* ou *sh*, en *ese* et en *an*.

— Les adjectifs en *ch* et *sh* suivent la règle générale énoncée ci-dessus.

- *A Frenchman* = un Français; *an Englishman* = un Anglais.
- *A few French people* = quelques Français; *ten Englishwomen* = dix Anglaises.
- *The French, the English* = les Français, les Anglais (considérés dans leur ensemble).

Noter la différence entre les propositions suivantes : *English people smoke mild cigarettes* = Les Anglais (pas tous) fument des cigarettes douces. — *The English live under a democratic regime* = Les Anglais (tous) vivent en démocratie.

— Les adjectifs en *ese* s'emploient substantivement au singulier comme au pluriel et restent invariables :

- *A Portuguese* = un Portugais; *several Maltese* = plusieurs Maltais; *the Japanese* = les Japonais.

De même : *A Swiss* = un Suisse; *four Swiss* = quatre Suisses; *the Swiss* = les Suisses.

— Les adjectifs en *an* s'emploient substantivement au singulier comme au pluriel, mais prennent un *s* au pluriel une fois devenus noms.

- *An Austrian* = un Autrichien; *three Bulgarians* = trois Bulgares; *the Germans* = les Allemands.
- *There were plenty of Germans in these Italian towns* = Il y avait beaucoup d'Allemands dans ces villes italiennes (*German* est employé substantivement; *Italian* est purement qualificatif).

— Enfin, l'anglais a quelquefois à sa disposition deux mots différents pour le nom et l'adjectif de nationalité, qui suivent alors les règles habituelles du nom et de l'adjectif.

- *A **Dane*** = un Danois; *the **Danes*** = les Danois;
  Danish** eggs* = des œufs danois. — *A **Spaniard =
  un Espagnol; *a bus full of **Spaniards*** = un autobus
  rempli d'Espagnols; *two **Spanish** gunboats* = deux
  cannonières espagnoles. — *A **Swede*** = un Suédois;
  Sweden = la Suède; ***Swedish** steel* = l'acier
  suédois.

- **Ne pas confondre** l'adjectif ***Breton*** = breton (de *a
  Breton*, un Breton, et *Britanny*, la Bretagne) avec
  l'adjectif ***British*** = britannique (de *a Briton*, un
  Britannique, et *Great-Britain*, la Grande-Bretagne,
  l'Angleterre).

N.-B. — 1. Le nom d'une *langue* emprunte toujours sa
forme à l'adjectif de nationalité correspondant. Il s'emploie
sans article :

- *John speaks **English, German, Spanish** and **Portuguese*** = Jean parle l'anglais, l'allemand, l'espagnol et le portugais.

2. *Groupes ethniques, politiques ou religieux* —
Les adjectifs comme *white* = blanc (race), *black* = noir,
conservative = conservateur, *socialist* = socialiste; *catho-
lic* = catholique; *protestant* = protestant, suivent, quand
ils sont employés substantivement, la règle des adjectifs de
nationalité en *an* :

- *The socialists moved a resolution* = Les socialistes
  ont présenté une résolution. — *The conservative
  members have just rejected this bill.* — Les députés
  conservateurs viennent de repousser ce projet de loi.

II — L'ADJECTIF ET LES DEGRÉS DE SIGNIFICATION

51. Sept degrés de signification

En français, l'adjectif exprimant une qualité sans autre précision est dit :

— au *positif* : Pierre est fort.

S'il indique, au contraire, que cette qualité est portée à un certain degré et qu'il y ait comparaison, il est au comparatif ou au superlatif relatif :

— au *comparatif de supériorité* : Pierre est *plus fort que* Jean.

— au *comparatif d'égalité* : Jean est *aussi fort que* Paul.

— au *comparatif d'infériorité* : Paul est *moins fort que* Pierre.

— au *superlatif relatif de supériorité* : Pierre est *le plus fort de* tous.

— au *superlatif relatif d'infériorité* : Louis est *le moins fort de* tous.

Quand la qualité est portée au plus haut degré sans qu'il y ait comparaison, l'adjectif est :

— au **superlatif absolu** : Jacques est *très (fort, extrê-mement) grand.*

Tous ces degrés de signification se retrouvent dans la langue anglaise.

52. Comparatif et superlatif relatif de supériorité : formation

a) **Adjectifs courts** (monosyllabes en général et quelques dissyllabes, notamment ceux en *er*, *ow* et *y*).

> Comparatif : *positif - er*
> Superlatif :   the + *positif - est*

Long	= long	*Longer*	= plus long	*The longest*	= le plus long
Fine	= beau	*Finer*	= plus beau	*The finest*	= le plus beau
Fat	= gras	*Fatter*	= plus gras	*The fattest*	= le plus gras
Clever	= habile	*Cleverer*	= plus habile	*The cleverest*	= le plus habile
Narrow	= étroit	*Narrower*	= plus étroit	*The narrowest*	= le plus étroit
Happy	= heureux	*Happier*	= plus heureux	*The happiest*	= le plus heureux

On remarquera que : 1. l'e muet du positif tombe devant les terminaisons en *er* et *est*. — 2. les monosyllabes (*fat*) redoublent leur consonne finale quand celle-ci est précédée d'une seule voyelle (mais *near* = proche, fait *nearer*, the *nearest*). — 3. l'y final se change en *i* s'il vient après une consonne (*happy* = *happier*, *the happiest*, mais *gay* = gai, fait *gayer*, *the gayest*).

b) **Adjectifs longs** (les autres adjectifs, sauf d'assez nombreuses exceptions)

> Comparatif : *more* + positif
> Superlatif :   *the most* + positif

(*More* = plus et *the most* = le plus, étant des adverbes).

- *Famous* = célèbre; *more famous* = plus célèbre;
  the most famous = le plus célèbre.

c) **Comparatifs et superlatifs irréguliers** — On a
réuni ici les adjectifs qualificatifs (q.), les adjectifs
indéfinis les plus usités (i.) et, le cas échéant, les
adverbes correspondants (a.).

Positif	Comparatif	Superlatif
Good (q.) bon	**better** meilleur	**the best** le meilleur
Well (a.) bien	**better** mieux	**the best** le mieux
Bad (q. et a.) mauvais mal	**worse** pire plus mal	**the worst** le pire le plus mal
Far (q. et a.) éloigné loin	**farther** plus éloigné plus loin	**the farthest** le plus éloigné le plus loin
Much (a. et i.) beaucoup beaucoup de	**more** plus plus de	**the most** le plus le plus de
Little (q., a. et i.) petit peu peu de	**less** plus petit moins moins de	**the least** le plus petit le moins le moins de

N.-B. — *Much*, adj. indéfini, s'emploie avec un *nom singulier*; *many*, adj. ind., avec un *nom pluriel*. Ils ont le

même comparatif, *more*, le même superlatif, *the most*, qui, d'autre part, sont adverbes devant un adjectif [52, *b*].

> *d)* Trois adjectifs qualificatifs présentent la particularité d'avoir chacun *deux comparatifs* et *deux superlatifs* différents. Ce sont :

Fore (q.) (qui est) en avant	*further* plus avancé *former* le premier (de deux)	*the foremost* le plus avancé *the first* le premier (de tous)
Late (q.) récent tardif	*later* plus récent *latter* le dernier (de deux)	*the latest* le plus récent *the last* le dernier (de tous)
Old (q.) vieux	*older* plus vieux *elder* l'aîné (de deux)	*the oldest* le plus vieux *the eldest* l'aîné (de tous)

> *e) Cas des participes* — Les participes peuvent former leur comparatif et leur superlatif soit comme des adjectifs longs, soit à l'aide de *better* et *the best*.

> • *Dickens is better known than Thackeray* = Dickens est plus connu que Thackeray.

53. Complément du comparatif et du superlatif de supériorité

a) *Complément du comparatif: cas du pronom* —
Le complément du comparatif, ou second terme de
comparaison, lui est relié par la conjonction *than*.

> **pos-er** (ou *more + pos*) + *than...*

- *Peter is stronger **than** John* = Pierre est plus fort
  que Jean.

Si le second terme de la comparaison est un pronom
personnel, on emploie, suivant le sens, le pronom-sujet ou
le pronom-complément :

- *I am stronger than he* = Je suis plus fort que lui (=
  plus fort qu'*il* n'est). — *They think my brother
  more resolute than me* = On trouve mon frère plus
  décidé que moi (= ... plus décidé qu'on ne *me*
  trouve). — De même : *You love my brother better
  than me* = Vous aimez mieux mon frère que moi
  (= ... mieux que vous ne *m*'aimez); ... *better than I*
  signifierait : ... mieux que *je* ne l'aime.

*Cette règle est valable pour les comparatifs d'égalité et
d'infériorité.*

b) *Complément du superlatif* — il se construit avec
la préposition *of*, ou avec *in* s'il s'agit d'un *nom de
lieu* :

> *the + **pos-est** (ou **the + most**) + pos + of (ou in)*

- *Is not Michael the happiest of your friends?* =
  Michel n'est-il pas le plus heureux de vos amis ? —

Mayfair, the most fashionable district in London...
= Mayfair, quartier le plus élégant de Londres.

c) *Emploi spécial du comparatif* — Le comparatif
avec *the* remplace le superlatif, quand on compare
seulement *deux* personnes ou deux choses, deux
groupes de personnes ou deux groupes de choses :

• *Both are nice, but Daniel is the nicer* = Tous deux
sont sympathiques, mais c'est Daniel qui l'est le
plus. — *The poorer class lived in the lower part of
the town* = La classe (la plus) pauvre habitait la
partie (la plus) basse de la ville.

54. Autres degrés de signification

a) Le *comparatif d'égalité* est précédé et suivi de *as* :

Aussi + *adjectif* + que =   *as + positif*   + *as*
Aussi + *participe* + que = *as much* + *participe* + *as*

• *John is as strong as his brother* = Jean est aussi
fort que son frère. — *I was as much taken aback
as he* = J'ai été aussi déconcerté que lui.

b) Le *comparatif d'infériorité* a deux formes :

Première forme
Moins + *adjectif* + que =
not so + *adjectif* + *as*
Moins + *participe* + que =
not so much + *participe* + *as*

Deuxième forme
Moins + adj. ou part. + que = *less* + *positif* + *than*

- *Lewis is **not so strong as** Edward*, ou ... *is less strong than...* = Louis est moins fort qu'Édouard.

- *She is **not so much** spoiled by her parents as her brother*, ou ... *She is **less** spoiled by* = Elle est moins dorlotée par ses parents que son frère.

N.-B. — Bien noter que *so* et *as* dans une comparaison appellent toujours *as*, jamais *than* (qui accompagne au contraire *less*).

   c) Le superlatif d'infériorité s'écrit :

> Le moins + *adj. ou part.* + de =
> *the least + pos + of* (ou *in*)

- *He is **the least ambitious** of our politicians* = C'est le moins ambitieux de nos hommes politiques — Abitibi, *the least inhabited region in Quebec* = L'Abitibi, région la moins peuplée du Québec.

   d) Le superlatif absolu se forme à l'aide de :

1. *very* ou *most* devant un adjectif proprement dit :

- *A **very** beautiful show* = un très beau spectacle.

2. *very much* ou *most* devant un participe adjectif :

- *A **very much** esteemed dealer* = un commerçant très estimé.

N.-B. — Les expressions *si*, *tellement*, *tant* devant un adjectif ou un participe, se traduisent par *so* + adj., *so much* + participe (*not so*, + adj., *not so much* + partic., s'il y a négation). Mais c'est une **conséquence** et non une comparaison qu'ils introduisent : le *que* qui suit se traduit par *that* et non par *than* [111, *a*, 3].

55. Traduction de quelques expressions comparatives

a) Plus de, autant de, moins de, le plus de, le moins de.

1. Plus de + *nom* + que = *more* + *nom* + *than*

- Ma sœur a plus de livres que moi = *My sister has more books than I.*

2. Autant de + *nom sing.* + que =
as much + *nom* + *as*
Autant de + *nom plur.* + que =
as many + *nom* + *as*

- J'ai autant d'argent que lui = *I have as much money as he.* — Vous avez autant de cravates que moi = *You have as many ties as I.*

3. Moins de + *nom sing.* + que =
not so much + *nom* + *as*
Moins de + *nom plur.* + que =
not so many + *nom* + *as*

- Les agriculteurs mangent moins de viande que les citadins. = *Farmers do not eat so much meat as city dwellers.* — Nous avons récolté moins de légumes que l'an dernier. = *We have not harvested so many vegetables than last year.*

N.-B. — *Moins de* se traduit de façon moins formelle par *less than* au singulier : *Farmers eat less meat than city dwellers*, et par *fewer than* au pluriel : *We harvested fewer vegetables than last year.*

4. Le plus de, le moins de + nom.

— À *le plus de*, correspond : *the most* + nom sing. ou plur.; À *le moins de* : *the least* + nom. sing. ou *the fewest* + nom plur. (75, c). Mais ces superlatifs sont peu employés.

— On les remplace par *more... than any other, less... than any other.*

- M. Un Tel, l'homme qui a le plus de relations de tout Montréal. = *Mr. So-and-So, the man who has more connections than any other in Montreal.*

— En d'autres cas, d'autres tournures peuvent être employées :

- Allez et recueillez le plus de dons possible = *Go, and collect as many donations as possible.* — De tous les artistes de cinéma, c'est lui qui obtient le moins de succès = *Of all the movie actors, he is the least successful.*

b) *De plus en plus = more and more. — De moins en moins* = less and less.

- En vieillissant, l'oncle Édouard devient de plus en plus égoïste = *As he grows old, uncle Edward is more and more selfish.* — La tête me tourne de moins en moins = *I feel less and less giddy.*

N.-B. — Quand l'adjectif suivant *de plus en plus* se traduit par un adjectif court, on tourne par *pos -er + and + pos -er* :

- Les jours sont de plus en plus courts = *Days are shorter and shorter.*

c) *Plus... plus* = the more... the more. — *Moins... moins* = the less... the less. — *Plus... moins* = the more... the less.

(Ici *the* n'est pas article défini mais adverbe.)

- Plus il faisait de bévues, moins il se sentait gêné = *The more he blundered, the less self-conscious he felt.*

d) *D'autant plus... que :*

1. *avec un adjectif :* (all) the + comparatif + as (ou *because* ou *since*)

- Ce garçon est d'autant plus orgueilleux qu'il a plus d'argent = *This boy is (all) the prouder since he has more money.*

2. *sans adjectif :* (*all*) **the more so as**

- Nous l'aimons d'autant plus qu'il est malheureux = *We like him* (*all*) *the more so as he is unhappy.*

e) *J'aimerais mieux... que...* = **I had rather... than...** — *Je ferais mieux... que...* = **I had better... than...** — *Plutôt... que...* = **Rather... than...**

Ces trois expressions se construisent comme des comparatifs de supériorité et veulent l'infinitif incomplet (sans *to*) [86, *a*, 4].

- J'aimerais mieux ne jamais revenir que de me retrouver avec lui = *I had **rather** never come back **than** meet him again.* — Vous feriez mieux de prendre un pardessus que de trembler de froid = *You had **better** take an overcoat **than** shiver.* — Plutôt souffrir que mourir = ***Rather** suffer **than** die.*

f) *Le même... que...* = **the same... as...** (assimilation à un comparatif d'égalité) :

- J'irai voir le même film que vous = *I'll go and see the same film as you.*

g) *Plus grand* (ou long, ou large, etc.) *de...* = **taller... by**

- Plus grand de trois pieds = ***taller by three feet.***

h) *Expressions diverses :*

- Ni plus ni moins que = *neither more nor less than.* — Beaucoup mieux = *far better.* — De mal en pis = *from bad to worse.* — Tant mieux = *so much the better.* — Tant pis = *so much the worse.*

III. — LES ADJECTIFS NUMÉRAUX

56. Nombres cardinaux

a) Suite des nombres

0. zero	10. ten		100. one hundred
1. one	11. eleven		101. one hundred and one
2. two	12. twelve	20. *twenty*	200. two hundred
3. three	13. thirteen	30. *thirty*	300. three hundred
4. four	14. fourteen	40. *forty*	400. four hundred
5. five	15. *fifteen*	50. *fifty*	500. five hundred
6. six	16. sixteen	60. sixty	600. six hundred
7. seven	17. seventeen	70. seventy	700. seven hundred
8. eight	18. eighteen	80. eighty	800. eight hundred
9. nine	19. nineteen	90. ninety	900. nine hundred

N.-B. — *21, 22, 31,* etc. = twenty-one, twenty-two, thirty-one, etc. Mais : 101, 153, 999, etc. = one hundred and one, one hundred and fifty-three, nine hundred and ninety-nine.

1,000 : one thousand... **1,021** : one thousand and twenty-one... **1984** : one thousand nine hundred and eighty-four *ou* nineteen hundred and eighty-four (*ou pour le millésime*) nineteen eighty-four... **1,000,000** : one million.

b) Règles de formation — On notera :

1. *la formation des nombres* 13 à 19 par l'adjonction du suffixe *-teen* aux nombres 3 à 9 : six + teen = sixteen.
2. *la formation des dizaines* par l'adjonction aux nombres 2 à 9 du suffixe *-ty* : seven + ty = seventy. (Dans les deux cas, cette formation s'accompagne de quelques particularités orthographiques [mots en italiques dans l'encadré]).
3. *le trait d'union* qui relie le chiffre indiquant la dizaine et le chiffre de l'unité : twenty-one, ninety-nine.
4. *le mot qui précède nécessairement* 100 *et* 1,000 : *one* (ou *a*) hundred; one (ou *a*) thousand.
5. *la conjonction* and *intercalée entre les centaines et les unités* (ou les dizaines), *entre les milliers et les unités* (ou les dizaines) *mais non entre les milliers et les centaines.*

   c) Cas de **hundred** *et de* **thousand** — Tous les nombres étant des adjectifs sont invariables. *Hundred, thousand, million* n'échappent pas à la règle quand ils sont précédés d'un autre nombre. Mais si les mêmes mots sont indéterminés, ils deviennent de véritables noms (cf. en français *centaine, millier*) et prennent l'*s* du pluriel.

   • *Thousands of people died in that earthquake* = Des milliers de gens périrent dans ce tremblement de terre.

57. Nombres ordinaux

   a) Formation — À part les trois premiers *first, second, third,* les nombres ordinaux dérivent des nombres cardinaux correspondants auxquels on ajoute *th*. Seuls *5e : fifth, 9e : ninth, 12e : twelfth, 20e : twentieth*, offrent des particularités orthographiques.

b) **Emploi** — L'anglais emploie les nombres ordinaux pour indiquer le *quantième* du mois, les *numéros de chapitre* d'un livre ou des *actes* d'une pièce, ceux des *souverains*.

- *The fifth of January* = le 5 janvier; — *The tenth chapter* = chapitre X; — *The third act* = acte III; — *Elizabeth the Second* = Elisabeth II.

58. Expressions numériques

a) **Fractions** — L'anglais se sert des nombres ordinaux, qui prennent alors la marque du pluriel :

- 2/3 = *two thirds;* 3/4 = *three fourths;* 7/10 = *seven tenths.* — Mais 1/2 = *one half.*

b) **Nombres fractionnaires** — *Nombre entier* + *and* + *fraction :*

- 4 5/7 = *four and five sevenths.*

c) **Expressions diverses** — Retenir :

1. **Les adjectifs :** *Single* = seul ou simple; *double* ou *twofold* = double; *triple* ou *threefold* = triple; *fourfold* = quadruple; *tenfold* = décuple; *hundredfold* = centuple.
2. **Les locutions adverbiales :** *Once* = une fois; *twice* = deux fois; *thrice* ou *three times* = trois fois; *four times* = quatre fois, etc.
3. **Les expressions :** *One day* = un jour (dans le passé) s'opposant à *some day* = un jour (dans l'avenir); — *on all fours* = à quatre pattes; — *on second thought(s)* = à la réflexion; — *the last but one* = l'avant-dernier; — *once upon a time* = il était une fois.
4. **L'ordre** respectif des adjectifs cardinaux et ordinaux se fait à l'inverse du français : *The first ten* = les dix premiers.

IV — PRONOMS PERSONNELS
LES POSSESSIFS
PRONOMS RÉFLÉCHIS

59. Les pronoms personnels, sujets et compléments

		Cas sujet		*Cas complément*	
S.	1re personne	*I*	= je	*me*	= moi
	2e personne	*You*	= tu, vous	*you*	= vous
		He	= il	*him*	= le
	3e personne	*She*	= elle	*her*	= la
		It	= il, elle, cela	*it*	= le, la
Pl.	1re personne	*We*	= nous	*us*	= nous
	2e personne	*You*	= vous	*you*	= vous
	3e personne	*They*	= ils, elles.	*them*	= les, eux, elles

60. Place et emploi

a) ***Place du pronom personnel*** — 1. **Sujet,** il se place *avant* le verbe.

Il n'y a *inversion* obligatoire que :

— dans les *interrogations;*

— après certains *adverbes* placés au début de la phrase [99. *a*];

— dans les formules qui traduisent les expressions *n'est-ce pas? moi aussi, moi non plus* [92];

— après la conjonction *nor*, quand elle signifie *et... ne... pas* [110, *c*, 2];

— si l'on veut, à l'aide de cette construction, marquer une *hypothèse* [80, *b*, 2].

2. **Complément,** il ne précède jamais le verbe.

Il le suit immédiatement :

— quand il est *objet direct :*

• *This poet delighted them* = Ce poëte les a charmés.

— quand il est *complément indirect* des verbes *to tell, to show, to give* et de quelques autres :

• *He gave me a book* = Il m'a donné un livre.

b) ***Emploi*** — 1. L'anglais ne connaît *pas le redoublement* du pronom personnel, même si le verbe a pour sujet deux pronoms de personnes différentes :

• Moi, j'aime mieux lire que de me promener = *I prefer reading to walking.* — Elle et moi, nous avons fait partie nulle = *She and I drew a game.*

2. L'anglais fait usage du *pronom-sujet* quand le français emploie le pronom-complément :

— dans des phrases comme :

• *It's he undoubtedly* = C'est lui, sans aucun doute.

— dans le deuxième terme d'une comparaison, qui, logiquement, appelle le pronom-sujet [53, *a*].

3. Le pronom personnel de la 3e personne est employé *à la place du démonstratif,* pour traduire :

— *c'est, ce sont, c'était,* etc., quand, effectivement, il peut le remplacer ou que le sens démonstratif n'est pas nettement marqué :

• *He was my best friend* = C'était mon meilleur ami. — *It is true* = C'est vrai.

— *celui qui, celle qui...* [73, b].

61. Traduction des pronoms *le, en, y*

a) *Le* — On ne confondra pas *le,* article défini, qui précède toujours un nom, et *le,* pronom personnel. Montre-le moi...

Le, pronom personnel peut, suivant les cas, se traduire :

1. par un ***pronom personnel,*** s'il accompagne un verbe ordinaire et remplace un nom :

• Il est venu hier, je l'ai vu = *He came yesterday. I saw him.* — Je ne le savais pas (le = la chose dont on a parlé) = *I did not know it.*

2. par ***one*** s'il accompagne le verbe *être* et remplace un nom attribut du sujet dans la proposition précédente :

• Sa mère était comédienne; rien d'étonnant qu'elle veuille *l'*être aussi = *Her mother was an actress; no wonder she wishes to be one too.*

3. par *so,* quand il remplace un membre de phrase :

• Pensez-vous qu'il viendra? Oui, je *le* pense = *Do you think he will come? Yes, I think so.*

4. *Le ne se traduit pas :*

— s'il remplace un *adjectif :*

• Son frère était très aimable, mais lui ne l'était pas = *His brother was very kind, but he was not.*

— s'il accompagne un *défectif* :

- Pouvez-vous le faire? Oui, je le peux = *Can you do it? Yes, I can.*

— s'il entre dans une *expression comparative* :

- C'est pire que vous ne le pensez = *It is worse than you think.*

b) En, pronom, se rend par :

1. l'adjectif possessif :

- M. Cook a une charmante maison de campagne; la situation en est pittoresque = *Mr. Cook has a lovely country-place; its situation is picturesque.*

2. *some, any, none* [75, g] quand il a un sens partitif :

- Y a-t-il du vin dans la bouteille? Oui, il y en a = *Is there any wine in the bottle? Yes, there is some.* — il n'y en a pas = *... none. There isn't any.*

3. *En ne se traduit pas* quand il précède un nom de nombre ou un pronom indéfini de quantité (*beaucoup, peu, trop,* etc.), ni quand il accompagne un défectif.

- Y a-t-il beaucoup de gens dans le hall? Il y en a trois cents environ = *Are there many people in the foyer? There are about three hundred.*

N.-B. — *En,* adverbe de lieu, signifie *de là* et se traduit par *from there* :

- Êtes-vous allé aujourd'hui à la piscine? Oui, j'en reviens = *Have you been to the pool to-day? Yes, I am coming from there.*

— Nous verrons plus loin comment traduire *en* préposition, quand il accompagne le participe présent [89].

c) Y, pronom, se traduit par le pronom anglais correspondant au complément :

- N'oubliez pas votre livre. — Oui, j'y penserai = *Don't forget your book. — Yes, I'll think of it.*

N.-B. — *Y,* adverbe de lieu, se traduit par *there.*

- Ça m'est égal d'y aller = *I don't mind going there.*

62. Les possessifs : leur formation

	Pron. pers. compl.	Adjectifs possessifs	Pronoms possessifs
S. 1re pers.	*me*	*my* = mon, ma, mes	*mine* = le mien, la mienne, les miens
2e pers.	*you*	*your* = ton...	*yours* = le tien...
3e pers.	masc. *him* fém. *her* neutre *it*	*his* *her* *its* } = son...	*his* *hers* *its own* } = le sien...
Pl. 1re pers.	*us*	*our* = notre...	*ours* = le nôtre...
2e pers.	*you*	*your* = votre...	*yours* = le vôtre...
3e pers.	*them*	*their* = leur...	*theirs* = le leur...

N.-B. — 1. Les pronoms possessifs ne sont jamais *précédés de l'article.* — 2. À toutes les personnes, l'adjectif possessif peut être renforcé par *own,* qu'il précède:

- *Here is **my own** hat* = voici mon propre chapeau (mon chapeau à moi).

63. Le possessif singulier de la 3e personne

À la 3e personne du singulier (ceux des autres personnes restant invariables), l'adjectif et le pronom possessif s'accordent *en genre avec le nom du possesseur,* non avec celui de la chose possédée.

- *Look at Betty. **Her** hat matches **her** coat* = Regardez Betty. Son chapeau va bien avec son manteau.

64. Emploi des possessifs

a) Les pronoms :

1. traduisent les expressions françaises *à moi*, *à toi*, etc. :

- Ce livre est à moi = *This book is **mine**.*

2. se substituent à l'adjectif dans l'expression suivante : un(e) de...

- Un de mes amis = *A friend of **mine**.*

b) Les adjectifs :

1. ne se répètent pas généralement dans une énumération :

- *My father and mother are not well* = Mon père et ma mère sont souffrants.

2. traduisent l'article défini français devant un nom de partie du corps, du vêtement ou d'objet se rattachant à la tenue :

- *John is walking with his jacket under his arm and his pipe in his mouth* = Jean se promène la veste sous le bras et la pipe à la bouche.

65. Un possessif impersonnel

Avec le pronom indéfini *one* (on) [76] et avec l'infinitif (mais avec eux seulement), on emploie le possessif impersonnel ***one's own*** (pronom) et ***one's*** (adjectif) :

- *To do **one's** best* = faire de son mieux. — *One does **one's** best* = on fait de son mieux. — Mais on dira : *I do **my** best* = je fais de mon mieux; *you do **your** best...*

66. Pronoms réfléchis : formation

Pronom pers. compl.	Pronoms réfléchis	Adjectifs possessifs
me	*myself* = moi-même	*my*
you	*yourself* = vous-même	*your*
him	*himself* = lui-même	*his*
her	*herself* = elle-même	*her*
it	*itself* = lui-même, = elle-même	*its*
us	*ourselves* = nous-mêmes	*our*
you	*yourselves* = vous-mêmes	*your*
them	*themselves* = eux-mêmes, = elles-mêmes	*their*

67. Emploi des réfléchis

Outre leur fonction propre de réfléchi [14, *a*], ces pronoms :

1. peuvent *renforcer*, comme en français, le *pronom personnel* correspondant et se placent généralement tout de suite après lui :

- *I myself called him* = Je l'ai appelé moi-même.

2. sont utilisés quand un pronom personnel complément représente la même personne que le sujet d'un verbe quelconque.

- Vous n'avez de considération que pour vous = *You have no consideration but for yourself.*

N.-B. — *Oneself* s'emploie dans les mêmes conditions que *one's own* et *one's* [65].

V — DÉMONSTRATIFS, RELATIFS, INDÉFINIS

68. Les deux démonstratifs et leurs formes

	Adjectifs	*Pronoms*
Singulier : **This**	Ce, cet, cette ou ce…-ci	Celui-ci, celle-ci, ceci
Pluriel : **These**	Ces ou ces…-ci	Ceux-ci, celles-ci
Singulier : **That**	Ce, cet, cette ou ce…-là	Celui-là, celle-là, cela
Pluriel : **Those**	Ces ou ces…-là	Ceux-là, celles-là

This et *that* ont les mêmes formes comme adjectifs et pronoms, les pronoms *this* et *that* pouvant être néanmoins suivis de *one : this one, that one.*

69. Emploi des démonstratifs

a) *This (proximité), that (éloignement)* — *This* ne s'emploie qu'en parlant des êtres et des choses qu'on a sous les yeux et, partant, s'applique au temps présent comme au lieu où l'on se trouve.

That désigne ce qui est plus éloigné dans l'espace ou le temps.

- *This man* = cet homme (que nous apercevons); *that woman* = cette femme (dont il a été question); *at this time* = à l'heure présente; *in those days* = dans ce temps-là.

- *I shall manage to visit that town this week* = Je m'arrangerai pour visiter cette ville cette semaine. — *Help those who have helped you* = Aidez ceux qui vous ont aidé.

b) *This is, that is* peuvent tenir la place de *here is, there is* avec le sens de *voici, voilà :*

- *This is the postman* = Voici le facteur. — *Those are odd people* = Voilà de drôles de gens.

c) *The former, the latter* [52, *c*] à la place des démonstratif — Quand on parle de deux personnes ou de deux choses, l'anglais (comme souvent le français d'ailleurs) remplace les démonstratifs par *the former* (le premier) et *the latter* (le second).

- *Michael and James are brothers; the former is very lazy, the latter is the top boy of his class* = Michel et Jacques sont frères; le premier est très paresseux, le second est à la tête de sa classe.

70. Traduction de *c'est, celui de, celle de...*

a) *Ce* placé devant le verbe *être :*

1. ou bien a le sens démonstratif et se traduit par le *démonstratif* correspondant :

- Ce furent ses ultimes volontés = *These were his last will and testament.*

2. ou bien tient la place d'un pronom *personnel,* auquel l'anglais a recours [60, *b)* 3];

3. ou bien *renforce* l'expression et se rend alors par *it :*

- C'est avec lui que j'ai dîné hier = *It was with him that I dined yesterday.*

N-B. — On remarquera que dans ce cas *to be* se met au même temps que le verbe qui suit.

4. ou bien n'est qu'un *explétif* et ne se traduit pas :

- Le temps, c'est de l'argent = *Time is money.*

b) Celui de, celle de, ceux de... se traduisent par *that of, those of,* ou mieux par le cas possessif :

- Ce n'est pas mon auto, c'est celle de mon frère = *It is not my car, it is that of my brother* ou mieux *it is my brother's* [38, a].

71. Les relatifs : formes et emploi

L'anglais a trois pronoms relatifs, tous les trois invariables :

Who	*Which*	*That*
pour les personnes	pour les choses	pour les personnes et les choses

a) who revêt *trois formes :*

1. **who**, *cas sujet :*

- *The barrister **who** is speaking is a friend of mine* = L'avocat qui parle est un de mes amis.

2. **whom**, cas *complément* (du verbe) :

— complément *direct :*

- *The barrister **whom** you can hear talking to the judge...* = L'avocat que vous pouvez entendre parler au juge...

— complément *indirect :*

- *The man to whom I wrote yesterday...* = L'homme à qui j'ai écrit hier...

ou mieux :

- *The man whom I wrote to yesterday...*

N.-B. — Quand le relatif est complément indirect, la préposition qui le précède est, habituellement, rejetée derrière le verbe.

    3. **whose**, *cas possessif* (complément de nom) [73, *a*, 2].

    b) which a une *forme unique.* Il est tantôt sujet, tantôt complément de nom [73, *a*, 2], tantôt complément de verbe.

    c) that :

    1. n'a qu'*une forme*, comme *which.*

    2. s'emploie de préférence aux autres relatifs dans le cas où la proposition de son antécédent n'aurait pas de sens complet sans celle qu'il introduit :

- Comparer : J'ai rencontré mon ami Pierre, que je n'avais pas vu depuis longtemps = *I met my friend Peter, whom I had not seen for a long time* = J'ai rencontré la personne que j'aime le mieux du groupe = *I met the person that I like best in the group.*

    3. s'emploie de rigueur après les superlatifs et mots assimilés (*the first, the last, the only one*) :

- *This is the biggest gem that I have ever seen* = C'est la plus grosse pierre que j'aie jamais vue.

    4. n'est *jamais précédé d'une préposition :*

- *The gift that he presented me with delighted me* = Le cadeau qu'il m'a offert m'a ravi.

N.-B. — 1. *But* peut jouer le rôle d'un relatif négatif [112, *e*]. — 2. *Such... as* est aussi employé comme relatif :

- *He liked reading such newspapers as were in agree-*

ment with his political opinions = Il aimait lire les journaux qui étaient conformes à ses opinions politiques.

72. Ellipse du pronom relatif

Tout pronom relatif peut disparaître :

1. s'il est complément d'objet direct :

• *The barrister you can hear talking...* = L'avocat que vous pouvez entendre parler...

2. s'il est complément indirect, mais dans ce cas la préposition qui l'aurait précédé se place obligatoirement *après* le verbe :

• *The man I wrote to yesterday...* = L'homme à qui j'ai écrit hier...

73. Traduction de *dont* et des couples *démonstratif + relatif* — Le pronom *what*

a) Dont (de qui, duquel...) est complément de verbe ou de nom.

1. *Complément de verbe*, il se traduit par le relatif convenable avec la préposition voulue par le verbe [71, *a,* 2] :

• Le ministre dont vous parlez est homme d'État = *The minister whom you are speaking of is a statesman.*

2. *Complément de nom,* il marque la *possession,* le possesseur pouvant être une personne ou une chose :

Règle applicable aux **personnes** *et par tolérance aux choses :*

Nom du possesseur + *whose* + *nom de la chose possédée* (sans *the*).

— *whose* est inséparable du nom de la chose possédée;
— ce nom n'est jamais précédé de l'article *the;*
— le verbe vient ensuite.

- L'homme dont le chien est noir est M. le Maire = *The man **whose** dog is black is the mayor.* (Variante moderne : *The man with the black dog is...*)

— *whose* peut être précédé d'une préposition :

- Le voyageur de commerce dans la voiture de qui je suis venu est mon cousin = *The travelling salesman in **whose** car I have come is my cousin.*

Règle applicable aux **choses** *seulement :*

Nom du possesseur + *nom de l'objet possédé avec the + of which*

- La table dont le pied est cassé est celle de Pierre = *The table **the leg of which** is broken is Peter's.* (Ou : *The table **whose** leg is broken...*)

- *b) **Celui qui, celle qui, ceux qui**, etc.* — Au couple français : *démonstratif + relatif*, l'anglais substitue les couples suivants :

1. si les pronoms représentent des *personnes :*

Pron. pers. ou *the one*	+ *relatif*	au singulier.
Pron. pers. ou *those* ou *the ones*	+ *relatif*	au pluriel.

- ***He who** is speaking is a friend of mine* = Celui qui parle est un de mes amis. — *Do you know them (ou **those**) **whom** you see over there?* = Connaissez-vous ceux que vous voyez là-bas? — *This singer is **the one whose** voice you have admired on the radio* = Cette chanteuse est celle dont vous avez admiré la voix à la radio.

2. si les pronoms représentent des choses :

Sing.	*That* + *which* ou *the one* + *which* ou *that*	Plur.	*Those* ou *the ones*	*which* ou *that* *which*

- *Drink the one that is in your glass* = Buvez celui (le vin) qui est dans votre verre.

N.-B. — *Such as* traduit quelquefois *ceux qui, celles qui* (personnes ou choses) :

- *I hate like poison such as give themselves airs* = Je hais comme la peste ceux qui s'en font accroire.

c) ce qui, ce que... signifiant *la chose qui, la chose que* se rendent par le pronom *what*.

— *Tout ce qui, tout ce que* ont pour équivalent en anglais *all that*, avec ellipse possible de *that* complément.

— *Ce qui, ce que* signifiant *chose qui, chose que* (apposition) se traduisent par *which*.

- Je sais ce que je dis, mais je ne dis pas tout ce que je sais, ce qui serait trop = *I know **what** I say, but I don't say **all (that)** I know, **which** would be too much.*

74. Les interrogatifs

*a) **Who*** (= qui? sujet), ***whom*** (= qui? c.o.d.), ***whose*** (= de qui, à qui?) ne sont que pronoms et représentent seulement des personnes.

Le verbe qui suit prend la *forme interrogative* (auxiliaire *do*) avec les complément *whom* et *whose*, mais non avec *who*, sujet :

- ***Who** built this palace?* = Qui a construit ce palais? — ***Whom** do you know in this company?* = Qui connaissez-vous dans cette société? — ***Whose** book*

did you take? = À qui (de qui) avez-vous pris ce
livre?

N.-B. — Dans l'interrogation *who are you?* = qui êtes-
vous? (comment vous appelez-vous?) *who* est attribut.

  b) What et *which* sont pronoms et adjectifs et s'emploient pour les personnes et les choses. Le second
  suppose toujours une idée de choix.

  1. *Pronoms : what* = que, quoi? *which* = lequel,
laquelle?

  • *What are you thinking of?* = À quoi pensez-vous?
  — *What are you?* = Qu'êtes-vous? (quelle est votre
  profession?). Comparer avec *Who are you?* —
  Which of these novelists do you like best? =
  Lequel de ces romanciers préférez-vous?

  2. *Adjectifs : what* = quel? *which* = quel?

  • *What woman has come in?* = Quelle femme est
  entrée? — *Which suit am I going to put on?* =
  Quel costume vais-je mettre?

75. Les indéfinis

Ils sont tous, sauf indication contraire, adjectifs et
pronoms.

  a) One = un, certain, un certain; *rarement* on [76, *b*,
  3] :

  • *One Miss Longbridge* = une certaine Mlle Longbridge.

  b) Both = les deux, tous les deux. — 1. *Both* adjectif
  précède l'article défini (qui souvent disparaît), un
  démonstratif ou un possessif :

  • *Both (the) soldiers* = les deux soldats. — *Both my
  sisters* = mes deux sœurs.

  2. Avec *both*, pronom, accompagnant un autre

pronom, deux constructions sont possibles :

- • *They were plucked both of them (ou bien They both were...) =* Ils furent refusés tous les deux (à leur examen).

- c) *Little =* peu de, *a little =* un peu de, *much =* beaucoup de sont des adjectifs qui s'emploient avec des noms au singulier. *Few =* peu de, *a few =* quelques, *many =* beaucoup de, également adjectifs, s'emploient avec des noms au pluriel. Pronoms, ils signifient : peu, un peu, beaucoup.

- • *Little money =* peu d'argent. — *A few ships =* quelques bateaux. — *Many never came back =* beaucoup ne sont jamais revenus.

— *Little, many* et *much* ont (nous l'avons vu) comparatif et superlatif [52, *c*]. Le superlatif *most* prend quelquefois le sens de *la plupart.*

- • *Most men =* la plupart des hommes. — *Most of them =* la plupart d'entre eux.

— *Few* a également un comparatif : *fewer =* moins de, un superlatif (peu usité) : *the fewest =* le moins de [55, *a*, 4].

- • *There are fewer books on his desk than on mine =* Il y a moins de livres sur son bureau que sur le mien.

N.-B. — Les adverbes *as, so, too, how* suivis de *much* ou de *many* donnent les couples d'indéfinis suivants : *as much, as many =* autant et autant de; *so much, so many =* tant et tant de; *too much, too many =* trop et trop de; *how much, how many =* combien et combien de (que de) :

- • *How much trouble my mother has had! =* Que de peine ma mère a eu! — *You have shown us too many sights in your town to-day =* Vous nous avez fait voir aujourd'hui trop de curiosités de votre ville.

- d) *Enough =* assez, assez de, se place avant le nom quand il est adjectif, moins souvent après.

- *I have **enough** bread* ou *bread **enough*** = J'ai assez de pain.

e) ***Every*** = *chaque*, tous, n'est qu'*adjectif* et s'emploie seulement avec un *nom singulier* [90, *b*, 3] sauf s'il précède un nombre.

- ***Every day*** = chaque jour, tous les jours. — ***Every six months*** = tous les six mois.

Each = chaque (adjectif) et chacun (pronom) a un sens distributif.

- ***Each boy (each of them) sang a song*** = chaque garçon (chacun d'eux) a chanté.

f) ***All*** = tout, tous. Adjectif, il est souvent l'équivalent de *every* (tous les individus pris un à un). ***Whole*** = tout entier.

- ***All the warships of the squadron*** = Tous les navires de l'escadre. — ***The whole squadron*** = L'escadre tout entière (remarquez la place de *whole*).

g) ***Some, any*** et ***no*** ont déjà été étudiés [46] comme traduisant l'article partitif *du, de la, des*. *Some* a le sens de *quelques, quelques-uns*. ***Any***, employé dans une phrase affirmative, signifie *n'importe quel, n'importe lequel, n'importe qui*. *No* est seulement adjectif, *no one ou none* étant le pronom correspondant (= aucun, pas un) :

- *I have **many** books and shall give you **some** gladly* = J'ai beaucoup de livres et vous en donnerai volontiers quelques-uns. — *At **any** time* = À n'importe quel moment.

h) ***Everyone, everybody*** = tout le monde; ***everything*** = tout; ***someone, somebody*** = quelqu'un; ***anyone, anybody*** = quelqu'un (n'importe qui); ***anything, something*** = quelque chose (n'importe quoi); ***nobody*** = personne; ***nothing*** = rien, composés avec *some, any, no*, ne sont que pronoms.

i)   The same, such, other, else, either, neither

1. *The same* = le même se construit comme un comparatif d'égalité [55, *e*]. *Such* = tel peut jouer le rôle d'un relatif [71, *c*, 4, 73 *b*, 2].

2. *Other* = autre est, bien entendu, invariable, s'il est adjectif. Pronom, il prend la marque du pluriel.

- *Give me other reasons* = Donnez-moi d'autres raisons. — *You may go out; the others will stay here* = Vous pouvez sortir, les autres resteront ici.

3. *Else* = autre, n'est qu'adjectif et accompagne les pronoms composés :

- *Somebody else* = quelqu'un d'autre. — *Nothing else* = rien d'autre.

4. *Either* = l'un ou l'autre; *neither* = ni l'un ni l'autre.

- *Either was to come; neither came* = L'un ou l'autre devait venir, aucun n'est venu.

N.-B. — Ne pas confondre *neither*, indéfini, avec *neither*, conjonction [110, *b*].

j)   Whoever, whosoever (pour les personnes), *whatever* (pour les choses), *whichever* (pour les personnes et les choses) sont des indéfinis relatifs, traduisant *quiconque, quel... que..., quoi que*. Ils se construisent avec le défectif *may* [84, *b*].*

- *Whoever this man may be, we shall welcome him* = Quel que soit cet homme, nous l'accueillerons. — *Whatever you may do...* = Quoi que vous fassiez...

k)   Several = *plusieurs* (adjectif et pronom indéfini).

---

* *Tendance moderne : ellipse de may : Whoever this man is...; Whatever you do...*

76. Traduction du pronom français *on*

a) L'anglais tourne par le *passif,* chaque fois qu'il le peut :

• On se moquait de lui = *He was laughed at.* — On dit que... = *It is said...* — On m'a dit que... = *I have been told that...*

b) Dans les autres cas, *on* se traduit par :

1. *Somebody, someone,* s'il signifie quelqu'un :

• On frappe à la porte = *Somebody is knocking at the door.*

2. *We, you, they, people,* selon le sens, quand il représente un groupe d'individus :

• En France, on boit du vin = *We drink wine in France,* dira un Français parlant de son pays. — En Angleterre, on boit du thé = *You drink tea in England,* dira un Français à un Anglais. — Au Canada, on boit de la bière plus forte qu'aux États-Unis = *They drink stronger beer than we do in the U.S.,* dira un Américain parlant des Canadiens.

3. *One* quand la phrase a une allure sentencieuse :

• On voit cela tous les jours = *One sees that every day.*

N.-B. — Il arrive que le pronom personnel *vous* ait un sens indéfini. On le traduit alors par *one* :

• Il y a de quoi vous rendre fou = *It is enough to drive one mad.*

CHAPITRE IV

LE VERBE :
MODES ET TEMPS

I — MODES ET TEMPS PERSONNELS

77. Le présent de l'indicatif

a) Le présent anglais ordinaire *ne peut traduire le présent français* :

1. quand celui-ci est un *présent de narration*, donc, en réalité, un passé simple : c'est alors le *prétérit* qui convient [78, *a*, 1] :

- Nous sommes à l'affût : soudain, un sanglier apparaît, je tire... = *We were lying in wait; a wild boar suddenly came into sight, I shot...*

2. quand la *forme d'actualité* s'impose [24];

3. quand l'action ou l'état exprimés par le verbe *prolongent une action* ou un état antérieurs : on emploie alors le *parfait* [81, *a*, 1].

b) Le présent anglais *traduit le futur* français après des conjonctions *temporelles* [80, *c*, 1].

c) Le présent anglais *traduit souvent le subjonctif présent* français [84, *e*].

78. Prétérit *(past)* et parfait *(present perfect)*

a) *Le prétérit traduit toujours le passé simple* français, que le temps de l'action soit exprimé ou sous-entendu :

- En 1945, l'Allemagne capitula sans condition = *In 1945, Germany surrendered unconditionally.* — L'avez-vous dit à Georges (la dernière fois que vous l'avez vu)? = *Did you tell George (the last time you saw him)?*

N.-B. — *Le prétérit ne traduit l'imparfait français que si* l'on ne peut tourner par l'imparfait d'actualité ou d'habitude [24, *b*, 25, *b*] :

- Après sa chute, il avait mal à la tête = *After falling, he had a headache.*

— *traduit le conditionnel* après des conjonctions temporelles [80, *c*, 2].

b) *Le parfait traduit quelquefois,* nous venons de le voir [77, *a*, 3], le *présent* français.

c) *Le prétérit ou le parfait traduisent le passé composé français suivant les cas :*

1. *si le temps où se situe l'action est terminé* (hier, la semaine dernière, le mois dernier, etc.), on emploie le *prétérit :*

- J'ai lu ce livre l'année dernière = *I read this book last year.* — Je l'ai rencontré, il y a des années = *I met him years ago.*

2. *si le temps où se situe l'action n'est pas terminé* (aujourd'hui, cette semaine, cette année...), *s'il reste indéfini ou si l'action qui a eu lieu dans le passé continue dans le présent,* on emploie le *parfait :*

- J'ai lu ce livre cette année = *I have read this book this year.* — Je n'ai jamais vu son pareil = *I have never seen the like of it.*

3. *en dehors de toute indication de temps, lorsqu'en
posant la question dans quelles circonstances, la réponse
précise le moment où s'est déroulée l'action*, c'est le
prétérit qu'il faut employer :

- Il est tombé en descendant du train (: Il est tombé
  dans quelles circonstances? En descendant du train)
  = *He fell down as he was getting off the train.*

— *Indication pratique* —

pour la traduction du passé composé français

Poser après le verbe la question : **quand?**
ou **dans quelles circonstances?**

1. Le *moment* est *précisé* dans la *réponse* . **Prétérit**

2. On n'obtient *pas de réponse précise* ... **Parfait**

Exception à 1 : la réponse est *to-day,*
this week, this month, etc. .... **Parfait**

79. Passé récent et futur immédiat

a) **To have just** + *participe passé* = *Venir de* +
   infinitif :

- *I have just finished my meal* = Je viens de finir
  mon repas.

b) **To be going to** (ou **to be about to**) + infinitif =
   Aller + infinitif, être sur le point de + infinitif :

- *The race is going to begin* = La course va commencer.

80. Futur et conditionnel

a) *Futur d'insistance* [26]

b) *Emploi du conditionnel* — On retiendra :

1. La *correspondance* entre les temps anglais et les temps français du conditionnel, entre les temps anglais et français des subordonnées correspondantes :

- *If he **worked**, he **would succeed*** = S'il travaillait il réussirait. — *If he **had worked**, he **would have succeeded*** = S'il avait travaillé il aurait réussi.

2. La *manière de remplacer* la conjonction *if* (= si), introduisant une conditionnelle :

— quand il s'agit d'un fait passé, on intervertit simplement l'auxiliaire et le sujet :

- *If he had worked* = **Had he worked...** = S'il avait travaillé.

— quand il s'agit d'un fait futur, on tourne par *should* + *sujet* + infinitif.

- *If he **worked...*** = **Should he work...** = S'il travaillait.

N.-B. — Dans les deux cas, l'inversion du sujet marque ainsi une *hypothèse*.

c) *Traduction du futur et du conditionnel français dans les propositions temporelles*

1. Lorsqu'en français la proposition principale est au *futur* ou à l'impératif, la subordonnée temporelle introduite par les conjonctions *when* (= quand), *as soon as* (= dès que), *so long as* (= aussi longtemps que), *while* (= pendant que, tant que), *till* (= jusqu'à ce que) se met au *présent* de l'indicatif en anglais [77, *b*].

- Quand je serai à Acapulco, je n'oublierai pas d'aller voir votre ami = *When I am in Acapulco I shall not forget to go and see your friend.* — Entrez dès que vous serez prêt = *Go in as soon as you are ready.*

2. Lorsque la principale est au *conditionnel,* la subordonnée se met au *prétérit :*

- Nous le quitterions dès qu'il monterait dans le train

> = *We would leave him as soon as he got into the train.*

N.-B. — Dans des subordonnées non temporelles, on rencontre quelquefois *shall* et *should* à toutes les personnes du futur et du conditionnel :

- Il m'a assuré qu'il ne m'en voudrait pas = *He assured me that he **should** bear me no grudge. (discours littéraire)*

81. *Il y a, voici, depuis,* suivis d'une expression de temps :

a) Il s'agit d'une action ou d'un état non terminés.

1. *L'action commencée dans le passé se continue dans le présent :*

- Il y a deux mois que M. Gauvin habite Windsor.
- Voici deux mois que M. Gauvin habite Windsor.
- M. Gauvin habite Windsor depuis deux mois, exactement depuis le 20 août.

Ces trois phrases ont le même sens, mais l'anglais n'admet que la troisième de ces formes qui devient :

- *Mr. Gauvin **has lived** in Windsor for (these) two months, exactly since the twentieth of August.*

— les gallicismes *il y a, voici que,* disparaissent.

— le *present perfect* indiquant que l'action a déjà eu lieu *(perfect),* mais continue au moment où l'on parle *(present)* se substitue au *présent* français.

— la préposition *depuis* est rendue par *for* ou *these* (sing. *this*) quand il s'agit d'une période (deux mois) et par *since* quand il s'agit d'un moment déterminé dans le temps (20 août).

N.-B. — La *question* se forme en plaçant la formule *how long* devant la forme interrogative :

- Depuis combien de temps M. Gauvin habite-t-il Windsor? = *How long has Mr. Gauvin lived in Windsor?*

— Lorsque l'action ne subit pas d'interruption, la *forme progressive* est *de rigueur*.

- Il apprend ses leçons depuis vingt minutes = *He has been learning his lessons for twenty minutes.*

— Il n'y a pas de forme progressive avec le verbe *être*.

- Il est ici depuis deux heures dix = *He has been here since ten past two.*

2. *L'action ne rejoint qu'un temps passé :*

- Je marchais depuis deux heures quand l'orage me surprit.
- *I had been walking (for) two hours when I was caught in the storm.*

— le plus-que-parfait *(pluperfect)* se substitue à l'*imparfait* français.

— la préposition *for* devient *facultative*. Mais *since* est *de rigueur* lorsqu'il s'agit d'un *moment déterminé :*

- *I had been walking since two o'clock when I was caught in the storm.*

N.-B. — La forme passive obéit aux mêmes règles que la forme active :

- Nelson était blessé depuis quelques heures quand il mourut = *Nelson had been wounded a few hours when he died.*

3. *Deux actions se rejoignent dans le futur,* comme dans la phrase suivante :

- Je serai en vacances depuis un mois quand vous partirez pour l'Angleterre.
- *I shall have been on holiday a month when you leave for England.*

— le *futur antérieur* prend la place du *futur*.

— la *préposition* disparaît.

b) **Il s'agit d'une action terminée.**

1. Les phrases suivantes :

- Il y a trois cents ans que cet arbre a été planté.

- Voici trois cents ans que cet arbre a été planté.

- Cet arbre a été planté il y a trois cents ans.

expriment la même idée : l'action a eu lieu *sans prolongement aucun vers le présent.* Cette idée se rendra en anglais de deux façons :

- *This tree **was planted** three hundred years **ago,** ou: It **is** three hundred years **since** this tree **was planted.***

— l'action étant terminée, le *prétérit s'impose.*

— *ago,* placé à la fin de la phrase, est une déformation de *gone* (= passé) qui implique un *temps connu,* de même que *since* dans le second cas.

N.-B. — *La question* se forme en plaçant la formule *how long ago* devant la forme interrogative :

- Depuis combien de temps cet arbre a-t-il été planté? = *How long ago was this tree planted?*

— Il peut arriver qu'une même phrase puisse se construire avec le *present perfect* ou le *prétérit,* selon le sens :

- Il y a deux ans qu'il n'a pas écrit.

On peut considérer, soit qu'il a écrit il y a deux ans (*action terminée*) :

- *He **wrote** two years **ago,** ou : It **is** two years **since** he **wrote.***

soit qu'il n'écrit pas depuis deux ans et continue à ne pas écrire :

- *He **has not written** for two years.*

2. Si le verbe français est au *plus-que-parfait*, l'anglais adopte les formules suivantes :

Plus-que-parfait + expression de temps + before.
ou :
It was + expression de temps + since + plus-que-parfait.

- Il y avait dix minutes qu'il avait quitté l'échafaudage quand l'accident se produisit = *He had left the scaffolding ten minutes before when the accident happened*, ou *It was ten minutes since he had left the scaffolding when the accident happened*.

82. Le subjonctif anglais

a) Formes — Le verbe *to be* a un subjonctif *présent* identique à l'infinitif (*pas d's* à la 3ᵉ personne du singulier) et un *imparfait* qui emprunte sa forme au pluriel de l'indicatif imparfait :

- *He be...* = qu'il soit... — *He were...* = qu'il fût...

Les *autres verbes* n'ont qu'*une forme*, celle de l'infinitif.

b) Emploi — Le subjonctif ne s'emploie plus guère que :

1. dans certaines *locutions* exprimant un *vœu :*

- *Long live the Queen* = Vive la reine ! — *God bless you* = Dieu vous bénisse. — *Be it so* = Qu'il en soit ainsi !

N.-B. — Les vœux s'expriment aussi par la tournure optative (avec *may*).

- *May she succeed* = Puisse-t-elle réussir !

2. Après les conjonctions *if* = si, *unless* = à moins que, surtout quand elles sont employées avec le verbe *to be*.

- *If I were you* = Si j'étais à votre place.

83. Traduction du subjonctif français

Le subjonctif français se rend par :

a) une proposition infinitive (infinitif avec sujet) :

1. après les verbes exprimant un *ordre* ou une *volonté*, un désir ou un *souhait*, une *intention* ou une *attente* comme *to want* = vouloir, *to like* = aimer, *to wish* = souhaiter, *to expect* = s'attendre à…

- Je souhaite que vous réussissiez = *I wish you to succeed.* — Son père veut qu'il se mette sérieusement à l'anglais = *His father wants him to take up English seriously.* — Ne vous attendez pas à ce que je revienne = *Don't expect me to come back.*

N.-B. — 1. Le *pronom*-sujet de l'infinitif est au *cas complément.* — 2. Le prétérit de *to order* peut être suivi de la construction avec *should* (c, 2).

2. après les verbes *impersonnels : it is good* = il est bon, *it is fair* = il est juste, *it is necessary* = il est nécessaire…, qui veulent la préposition *for* devant le *sujet* de la proposition infinitive.

- Il est nécessaire que vous lisiez un livre anglais de temps en temps = *It is necessary for you to read an English book from time to time.*

N.-B. — Les verbes impersonnels s'accommodent de la construction avec *should* (c, 2).

b) may (présent) ou *might (passé) + infinitif,* après la conjonction *that* signifiant *afin que,* ainsi qu'après les indéfinis *whoever* = quel que (personnes), *whatever* = quel que (choses), et l'adverbe *however* = quelque… que, si… que.

- Venez que je vous voie mieux = *Come that I may see you better.* — Quels que fussent les efforts des policiers, rien ne put arrêter l'émeute = *Whatever the efforts of the policemen might be, nothing could stop the riot.* — Quelque (si) braves qu'ils fussent, ils durent battre en retraite = *However fearless they **might be**, they were forced to retreat.*

N.-B. — Après *that... not* = afin que... ne pas, l'anglais emploie *should* plus volontiers [*c*, 2].

c) should à toutes les personnes + *infinitif* (sans *to*) :

1. Après *for fear* ou *lest* = de peur que et les conjonctions introduisant une hypothèse (avec doute accentué) [111, *e*, *f*] :

• Prends ton imperméable de peur qu'il ne pleuve = *Take your raincoat **lest** it **should rain**.* (discours littéraire); autrement : *Take your raincoat in case it rains.*

2. dans les trois cas signalés plus haut :

— après le prétérit de *to order :*

• Le général ordonna qu'une attaque fût lancée pour débloquer la place forte = *The general **ordered** that an attack **(should) be launched** to relieve the stronghold.*

— après un verbe impersonnel :

• N'est-il pas curieux que les affaires soient au point mort en ce moment? = *Is it not queer that business **should be** at a standstill now?*

— après *that... not* = afin que... ne pas :

• Maîtrisez-vous afin qu'on n'ait rien à vous reprocher = *Keep your temper **that there (should) be** no fault to find with you.*

d) le gérondif précédé de l'adjectif possessif, après *to mind* et les verbes gouvernant une préposition [88, *a*, 2].

• Est-ce que cela vous dérange que je fume? = *Do you **mind my smoking**? —* Elle fut déconcertée qu'il parlât si brusquement = *She was surprised at **his speaking** so bluntly.*

e) *l'indicatif,* aux temps voulus par le sens, *dans les autres cas* et, notamment, après les superlatifs :

• Croyez-vous qu'il soit capable de le faire? = *Do you think that he is able to do it?* — Voici le plus fin pêcheur que je connaisse = *He is the best angler I have ever known.*

84. L'impératif

a) Une première personne du singulier — Nous avons vu dans la conjugaison que, contrairement à l'impératif français, l'impératif anglais avait une première personne du singulier.

• *I said to myself: let me look into the problem* = Je me dis : examinons (que j'examine) le problème.

b) L'impératif d'insistance se traduit par *do* et l'infinitif [26, *a*].

85. Concordance des temps

a) Lorsque le verbe de la proposition principale est à un temps du présent, le verbe de la subordonnée se met au *temps voulu par le sens* :

• *It is plain that this hat* = Il est évident que ce chapeau
  did not suit him = ne lui plaisait pas
  does not suit him = ne lui plaît pas
  will not suit him = ne lui plaira pas

b) Lorsque le verbe de la proposition principale est à un temps du passé, le verbe de la proposition subordonnée se met à un *temps du passé* ou *au conditionnel* :

• *I thought he denied himself every pleasure* = Je pensais qu'il se refusait tout plaisir. — *He claimed that she was not to blame* = Il prétendait qu'il n'y avait rien à lui reprocher. — *The doctor has told us* *that he **would** not come* = Le médecin nous a dit qu'il ne viendrait pas.

Le verbe de la subordonnée se met toutefois au présent de l'indicatif s'il s'agit d'un *fait constant :*

• *I **have been told** that this plant grows in Canada* = On m'a dit que cette plante poussait au Canada.

II — INFINITIF, GÉRONDIF ET PARTICIPE

86. L'infinitif complet (avec *to*) ou incomplet (sans *to*)

a) L'infinitif incomplet s'emploie :

1. après les *défectifs* et les verbes *to dare* = oser, *to need* = avoir besoin, quand ils sont employés comme défectifs [22] :

- *You **may play** in the sand* = Vous pouvez jouer dans le sable. — *Tell him he **need not come** any more* = Dites-lui qu'il n'a plus besoin de revenir.

2. après les verbes, *à la voix active* seulement, qui indiquent une *opération des sens* : voir, entendre, sentir... (verbes de perception) :

- *I **saw** him **fall down** from the ladder* = Je le vis tomber de l'échelle.

On remplace ici l'infinitif :

— par le *participe présent* si l'on envisage la *durée* de l'action perçue plutôt que l'action elle-même :

- *We **heard** her **chattering** all day long* = Nous

l'entendions bavarder à longueur de jour.

— par le *participe passé* si l'*objet* seul de l'action
    perçue est exprimé (non le *sujet*) :

• *Did your hear this melody played?* = Avez-vous
    entendu jouer cette mélodie ? — Mais on dira : *I
    have often heard my mother play this melody* =
    J'ai souvent entendu ma mère (sujet) jouer cette
    mélodie.

3. après les verbes *to make* = faire, *to bid* = ordonner, demander, prier :

• *You make me laugh* = Vous me faites rire. — *Bid
    him come in* = Priez-le d'entrer.

4. après *better, rather than* [55, *d*].

5. après *why* et *but* (dans le sens de *sinon*) :

• *Why not tell me the plain truth?* = Pourquoi ne
    pas me dire la simple vérité ? — *What could I do
    but waive my rights?* = Que pouvais-je faire
    d'autre que de renoncer à mes droits ?

b) L'infinitif complet s'emploie :

1. dans les propositions infinitives [83, *a*], sauf après
les verbes ci-dessus indiqués [86, *a*].

• *My doctor would like me to treat myself to sea air*
    = Mon médecin voudrait que je prenne l'air de la
    mer.

2. après les *verbes de perception* à la *voix passive :*

• *The carpenter was seen to fall down from the lad-
    der* = On a vu le charpentier tomber de l'échelle.

3. après *to have* et *to be* signifiant *devoir* [20, *a*, 1 et
3].

N.-B. — *To* annonce souvent l'infinitif sans signification
particulière. Il peut traduire aussi les prépositions françaises *à, de, pour :*

- *To reach Joliette go straight on* = Pour aller à Joliette continuez tout droit.

Cependant, la préposition *pour* suivie d'un infinitif se rend par *for* + gérondif quand, au lieu de *afin de* (but), elle signifie *parce que* (cause).

- Il a été condamné à mort pour avoir trahi son pays = *He has been sentenced to death for betraying his country.*

87. Traduction spéciale de l'infinitif français

a) *Après le verbe faire* — L'infinitif a un sujet (sens actif) ou un complément d'objet (sens passif).

1. *Sens actif* — On traduit par :
   to make + *sujet de l'infinitif* + *infinitif sans to* [85, *a*, 3].

- Il m'a fallu du temps pour leur faire comprendre cette règle (pour faire *eux comprendre; comprendre* a un sujet : *eux*) = *It took me a long time to make them understand this rule.*

2. *Sens passif* — On traduit par :
   to have + *compl. de l'infinitif* + *participe passé.*

- Il a fait faire ce complet il y a deux ans (*faire* a un complément d'objet : *ce complet*) = *He had this suit made two years ago.*

3. *Cas particuliers* — Quand *faire* a le sens particulier d'*ordonner*, on tourne par *to order* ou *to get* et l'infinitif :

- L'officier fit fusiller ce soldat = *The officer ordered this soldier (to be) shot.*

N.-B. — *To order* se construit aussi avec *should* [83, *c*, 2].

— Si le sujet du verbe *faire* est un *nom de chose*, on emploie *to cause* avec la proposition infinitive.

- Qu'est-ce qui vous a fait punir? = *What caused you to be punished?*

Expression où faire (—) + infinitif = un seul verbe :

— cuire	= *to cook*	— rôtir	= *to roast*
— cuire au four	= *to bake*	— bouillir	= *to boil*
— construire	= *to build*	— claquer une porte	= *to slam a door*
— entrer	= *to show in*	— tourner une toupie	= *to spin a top*
— sortir	= *to show out*	— claquer les lèvres	= *to smack one's lips.*
— taire	= *to silence*	— rouler un cerceau	= *to trundle a hoop*

b) Après le verbe se faire — Deux cas :

1. *Se faire* + infinitif a un *sens réfléchi*. On traduit par :

   to make oneself + *participe passé.*

- Je ne pouvais pas me faire entendre = Je ne pouvais pas faire entendre moi-même = *I could not make myself heard.*

2. *Se faire* + infinitif a un *sens purement passif*. On traduit par :

   to be (ou *to get*) + participe passé.

- Il se fit tuer par un obus = Il fut tué... = *He was killed by a shell.*

c) Après les verbes de mouvement — L'infinitif qui suit en français les verbes de mouvement se traduit en anglais par un verbe au même temps que le verbe de mouvement auquel on l'unit par *and*.

- Nous sommes allés le voir hier = *We went and saw him yesterday.* Si l'on écrivait *we went to see him yesterday*, c'est qu'on voudrait insister sur le *but* du déplacement: nous sommes allés pour le voir [86, *b*, N.B.].

N.-B. — Cette tournure est quelquefois employée après *to try* = essayer.

88. Gérondif et participe présent

Leur forme est identique, mais leur nature bien différente.

a) Le gérondif, qui signifie *l'action de, le fait de :*

1. *est un véritable nom avec les propriétés du verbe.*

— *Verbe*, il peut être accompagné de compléments et d'adverbes.

• Eating	{ highly seasoned food too much }	is detrimental to health
Manger	{ des mets fortement épicés avec excès }	est nuisible à la santé

— *Nom*, il remplit toutes les fonctions du nom (sujet, objet...) et peut être précédé d'un article, d'un adjectif possessif, voire du cas possessif.

- *I was surprised at **his coming** so early* = Je fus surpris qu'il arrivât de si bonne heure. — *I shall take advantage of **my friend's being** here to make this trip* = Je profiterai de la présence de mon ami ici pour faire cette excursion.

2. *s'emploie :*

— *comme sujet* d'une proposition :

- *Eating is necessary to live* = L'action de manger est nécessaire pour vivre (en bon français : il faut manger pour vivre).

— *comme complément d'objet direct :*

- *Children like eating sweets* = Les enfants aiment (le fait de) manger des sucreries.

— *après une préposition* (il est alors complément de nom ou complément indirect ou circonstanciel) :

- *The necessity of eating to live is quite clear* = La nécessité de manger pour vivre est évidente (*eating* : complément de nom). — *Before playing you must learn the rules* = Avant de jouer vous devez ap-

prendre les règles du jeu (*before playing* : complément circonstanciel).

— *Après un verbe indiquant le commencement,* la
continuation ou la *fin d'une action :*

• *They stopped **talking** and began **working*** = Ils
cessèrent de parler et commencèrent à travailler.

N.-B. — On trouve aussi l'infinitif avec *to begin* et *to start*
(= commencer), *to continue* (= continuer), *to cease* (=
cesser).

— *après* certains verbes et expressions : *to enjoy* =
avoir plaisir à; *to remember* = se rappeler; *to be
worth* = valoir la peine de; *to be busy* = être occupé à; *to mind* = voir un inconvénient à; *I cannot
help* = je ne peux m'empêcher de; *it is no use* = il
ne sert à rien de.

• *This book is **worth reading*** = Ce livre vaut la peine
qu'on le lise (d'être lu). — *Do you **mind** my **sitting**
here?* = Voyez-vous un inconvénient à ce que je
m'asseye ici? — *We could not **help laughing** at him*
= Nous ne pouvions nous empêcher de rire de lui.

b) Le participe présent est, au contraire, *un adjectif verbal :*

1. tantôt *simple qualificatif :*

• *We heard an **amusing** story* = Nous apprîmes une
histoire amusante.

2. tantôt marquant un *état* ou une *action :*

• *He was **sitting** on the floor* = Il était assis sur le
parquet.

• *I saw him **eating** an apple* = Je le vis manger (qui
mangeait) une pomme. — *When the storm broke
out, he was still **working** in the fields* = Quand la
tempête éclata, il travaillait encore (était encore en
train de travailler) dans les champs.

N.-B. — On comparera ces exemples à ceux donnés pour le

gérondif. Comparer aussi : *a walking man* = un homme en promenade (= se promenant : participe présent adjectif) et *a walking stick* = *a stick for walking* = une canne pour se promener (gérondif).

89. Traduction de la préposition *en* suivie d'un participe présent

En + *participe présent* ajoute au verbe de la proposition une circonstance de manière, de moyen ou de temps.

a) À la **circonstance de manière** correspond le *participe présent* seul.

- Oui, dit-il en tournant la tête = *Yes, he said, turning his head.*

b) La **circonstance de moyen** demande le *gérondif* avec *by.*

- Vous améliorez votre anglais en lisant les journaux = *You will improve your English by reading the newspapers.*

c) La **circonstance de temps** marque la *simultanéité* de deux actions : celle du participe, celle du verbe.

1. L'action exprimée par le verbe peut *résulter* de celle marquée par le participe. On emploie alors le gérondif avec ou sans *in* :

- J'ai trouvé ces détails en lisant votre livre = *I found these details (in) reading your book.*

2. Les deux actions ont lieu *simplement en même temps :*

— ou bien elles se passent à un *moment précis : gérondif* avec *on.*

- En entrant dans la pièce, je vis un homme étendu sur le parquet = *On entering the room I saw a man lying on the floor.*

— ou bien l'action exprimée par le participe *s'étend sur une certaine durée :* participe avec *while* (conjonction).

- J'ai pris quantité de photos en visitant le Mexique = *I took a lot of snaps **while visiting** Mexico (while I was visiting).*

III — ACCORD DU VERBE
CONSTRUCTIONS DIVERSES

90. Accord du verbe avec son sujet

a) Règle générale — Comme en français, le verbe s'accorde avec son *sujet*. S'il y a plusieurs sujets au singulier, le verbe se met au *pluriel*.

- *If our borrower does not return the money in due time, my father and I are undone* = Si notre emprunteur ne rembourse pas l'argent en temps voulu, mon père et moi nous sommes perdus.

b) Particularités — Outre les exceptions signalées dans l'étude du nom [32, *b*], nous retiendrons les cas suivants :

1. quand les sujets sont unis par *or* ou *nor*, l'accord se fait avec le dernier sujet.

- *Neither the Minister of Labour nor his deputy has come* = Ni le ministre du travail ni son représentant ne sont venus. — *Either he or his brother is responsible for the damage* = Ou lui ou son frère est responsable des dégâts.

2. il arrive que l'anglais emploie deux noms reliés par *and* pour désigner un seul être, une seule chose : si ces noms sont sujets, on supprime l'article devant le second et l'on met le verbe au singulier :

- *The bread and butter is in the sideboard* = Le pain beurré est dans le buffet. — *The bread and the butter are in the sideboard* se traduit, au contraire, par : le pain et le beurre sont dans le buffet.

3. *every* et *each*, adjectifs indéfinis, précédant toujours des noms au singulier [75, *e*], ceux-ci appellent un verbe au singulier. Le verbe reste au singulier s'il y a plusieurs sujets précédés chacun de *every* (ou *each*), mais se met au pluriel quand l'adjectif est seulement exprimé devant le premier sujet :

- *Every letter has been stamped* = Toutes les lettres ont été affranchies — *Every letter and every printed matter has been stamped* = Toutes les lettres et tous les imprimés ont été affranchis — Mais : *Every letter and printed matter have been stamped*.

91. Ordre des compléments

L'anglais assigne à ses compléments un *ordre plus rigoureux* que le français. Après le verbe, viennent en général :

- *a)* le complément d'*objet* direct; *b)* le complément *indirect*; *c)* les compléments *circonstanciels* : 1. *de manière*; 2. *de lieu*; 3. *de temps*.
- *I sent a letter to John by air mail from London two days ago* = Il y a deux jours, j'ai envoyé de Londres, par avion, une lettre à Jean.

92. Traduction de : *N'est-ce pas?* — *Moi aussi*
    — *Moi non plus*

Ces tournures sont précédées d'une proposition. Soit *s* le pronom personnel correspondant au sujet de cette proposition, *a* l'auxiliaire ou le défectif qu'elle comporte, ou, à leur défaut, l'auxiliaire *to do*. On aura les formules suivantes :

> *a)* *N'est-ce pas?* — La proposition précédente peut être affirmative ou négative.
>
> 1er cas : *proposition affirmative* + *a* + *s* + *not?*

- Jean avait manqué le train, n'est-ce pas? = *John had missed the train, **had he not?*** — Je peux le faire, n'est-ce pas? = *I can do it, **can I not (can't I)?*** — Vous aimez les fraises, n'est-ce pas? = *You like strawberries, **do you not (don't you)?***

> 2e cas : *proposition négative* + *a* + *s?*

- Jean n'avait pas manqué le train, n'est-ce pas? = *John had not missed the train, **had he?*** — Je ne peux pas le faire, n'est-ce pas? = *I cannot do it, **can I?*** — Vous n'aimez pas les fraises, n'est-ce pas? = *You do not like strawberries, **do you?***

N.-B. — À *proposition affirmative* correspond *formule négative* et inversement.

He is *He is not*	} a foreigner	*isn't he?* *is he?*	*I cannot* *I could not*	} open the door	*can I?* *could I?*
I can *I could*	} come	*can't I?* *couldn't I?*	*I speak* *I do not speak*		*don't I?* *do I?*

> *b)* *Moi* (toi, lui)... *aussi* — La proposition précédente est toujours affirmative.
>
> *Proposition* + *and* + *so* + *a* + *s.*

- Jean avait manqué le train, Pierre aussi = *John had missed the train and so had Peter.* — Vous pouvez le faire, moi aussi = *You can do it and so can I.* — Vous aimez les fraises, eux aussi = *You like strawberries and so do they.*

c) *Moi* (toi, lui...) *non plus* — La proposition précédente est toujours négative.

   Proposition + nor (ou *neither*) *+ a + s.*

- Vous ne pouvez pas le faire, moi non plus = *You cannot do it, nor can I.* — Vous n'aimez pas les fraises, eux non plus = *You do not like strawberries nor do they.*

93. Rôle de renforcement et de remplacement des auxiliaires et défectifs

a) *Après* yes *et* no — L'anglais se contente rarement de répondre à une question par *yes* et *no*. Ces deux adverbes sont en général suivis ou remplacés par l'auxiliaire ou le défectif de la proposition interrogative.

- Avez-vous faim? — Oui... = *Are you hungry?* — *Yes, I am.* — Savez-vous découper? — Non... = *Can you carve?* — *No, I cannot.* — Vos amis aiment-ils le poisson? — Oui... = *Do your friends like fish? — Yes, they do.*

b) *Non-répétition d'un verbe ordinaire* — Le verbe *to do* sert encore à éviter la répétition d'un verbe ordinaire.

- Laissez-moi vous raconter ce qui m'est arrivé hier. — Je vous en prie, racontez = *Let me tell you what happened to me yesterday. — By all means, do.*

94. Différence entre *to do* et *to make*

a) **To do,** en dehors de son rôle d'auxiliaire, s'emploie dans un sens généralement *abstrait :*

- *What are you going to do?* = Qu'allez-vous faire?

b) **To make,** au contraire, a le sens de fabriquer et, partant, évoque une action *concrète :*

- *They make fine watches in Switzerland* = On fait de belles montres en Suisse.

N.-B. — Cette distinction, toutefois, n'a rien d'absolu.

To do right / well	= faire bien		*To do a good turn*	= rendre service
To do wrong	= faire mal		*To do a room*	= faire une chambre
To do good	= faire le bien		*To do one's hair*	= se coiffer
To do one's duty	= faire son devoir		*To make a journey*	= faire un voyage
To make a bed	= faire un lit		*To make a mistake*	= faire une faute
To make a blunder	= faire une bévue		*To make progress*	= faire des progrès
To make a choice	= faire un choix		*To make a promise*	= faire une promesse
To make a drawing	= faire un dessin		*To make peace*	= faire la paix
To make an effort	= faire un effort		*To make a pun*	= faire un calembour
To make faces	= faire des grimaces		*To make a purchase*	= faire un achat
To make a fire	= faire du feu		*To make war*	= faire la guerre
To make a fortune	= faire fortune		*To make one's will*	= faire son testament
To make fun of	= se moquer de			

CHAPITRE V

L'ADVERBE ET LES MOTS DE LIAISON

I — L'ADVERBE
LA POSTPOSITION

95. Principaux adverbes anglais

a) *Adverbes d'affirmation, de négation, d'exclamation, d'interrogation et de doute*

— *Yes* = oui; *certainly* = certainement; *of course* = naturellement; *surely* = assurément; sûrement; *indeed* = vraiment, en vérité; *really* = réellement, en effet; *actually* = véritablement.

— *No* = non; *not* = ne pas; *in no way* = nullement; *neither* = non plus.

— *How* = comme, comment, combien, que.

— *Perhaps* = peut-être; *possibly* = peut-être; *probably* = probablement, sans doute.

b) *Adverbes de temps*

1. Les uns donnent une *indication imprécise :*

— *Always, ever* = toujours; *never* = ne jamais; *still, yet* = encore; *often* = souvent; *generally* = généralement; *seldom, rarely* = rarement; *sometimes* = quelquefois; *soon* = bientôt; *then* = alors; *early* =

tôt (de bonne heure); *late* = tard; *lately* = der-
nièrement; *before* = auparavant; *after* = après;
presently = actuellement (ne pas confondre avec
actually, cité plus haut), bientôt.

2. Les autres, une *indication précise* :

— *To-day* = aujourd'hui; *yesterday* = hier; *to-
morrow* = demain; *last week (month, year)* = la
semaine (le mois, l'année) dernière; *next week
(month, year)* = la semaine (le mois, l'année)
prochaine, etc.

c) Adverbes de lieu :

— *Here* = ici; *there* = là; *hither* = ici (avec mouvement); *thither* = là (avec mouvement); *hence* =
d'ici; *thence* = de là; *where* = où, avec ses composés : *somewhere* = quelque part; *anywhere* =
quelque part, n'importe où; *nowhere* = nulle part;
elsewhere = ailleurs.

— *In* et *within* = dedans, à l'intérieur; *out* et *without*
= dehors, à l'extérieur; *under* = dessous; *below* =
en dessous; *before* = en avant; *forth* = de l'avant;
forward = en avant; *back* et *behind* = en arrière;
across et *through* = à travers, en travers; *by* =
près; *away* et *off* = au loin; *aside* = de côté, à
l'écart; *round* = autour; *around* = aux alentours;
about = çà et là.

d) Adverbes de manière :

1. Quelques-uns ont une forme originale :

— *Well* = bien; *together* = ensemble; *even* = même.

2. D'autres sont de simples adjectifs employés adver-
bialement :

— *Cheap* = bon marché; *dear* = cher; *hard* = dur;
right = droit; *ill* = mal; *deep* = profondément.

3. La plupart sont formés d'un adjectif auquel on
ajoute, avec ou sans modification orthographique de la

terminaison, le suffixe *-ly* (analogue au suffixe français *-ment*).

> — *Great* (grand) donne *greatly* = grandement; *rich* (riche) donne *richly...*; *strong* (fort) donne *strongly*, etc.

N.-B. — *Y* terminal se transforme en *i*; *e* et le second *l* tombent devant *-ly* : à *dry* = *sec, correspond drily...*, à *admirable, admirably...*, à *full* (plein), *fully*.

> *e) Adverbes de quantité :*

> — *Little* = peu; *much* = beaucoup; *enough* = assez; *too* et *too much* = trop; *almost* = presque; *hardly* et *scarcely* = à peine; *quite* = tout à fait; *very* et *very much* = très.

96. Traduction de quelques adverbes et locutions adverbiales françaises

> *a) Oui — Non* [93, 95, *a*].

> *b) Ne... pas — Ne... plus — Ne... que — Ne... jamais :*
> 1. *Ne... pas* = not.

N.-B. — *Ne... pas de* précède un nom et se traduit par l'adjectif indéfini de quantité *no*.

> • Il n'y a pas de rose sans épine = *There is no rose without a thorn.*

2. *Ne... plus* exprimant une idée de quantité se traduit par *no more (not any more)*; une idée de temps, par *no more, no longer (not any longer)*.

> • Il ne fumera plus = *He will smoke no more* (ou *no longer*) = *He will not smoke any more* (ou *any longer*).

N.-B. — Il n'y a plus de thé dans la théière = *There is no more tea in the teapot.*

3. *Ne... que = seulement*, se rend par *only, but* :

- Mon beau-frère n'a que dix ans = *My brother-in-law is but* (ou *only*) *ten years old.*

4. *Ne... jamais* se traduit par *never* :

- Je ne ferai jamais de camping = *I shall never go camping.*

N.-B. — *Jamais* sans *ne* a un sens positif et se traduit par *ever*; quand on répond à une question, il reprend le sens négatif.

- Avez-vous jamais fait du théâtre? — Jamais = *Have you ever been on the stage?* — *Never.*

c) Encore exprime une idée de temps ou de quantité :

1. *Idée de temps.* Trois sens différents :

— de nouveau (fait répété) = *again.*

- Nous irons encore demain à la chasse = *We shall go hunting again to-morrow.*

— toujours (fait continué) = *still.*

- Marguerite est encore à sa toilette = *Margaret is still primping.*

— en ce moment, pour le moment (fait non réalisé) = *yet.*

- La récolte n'est pas encore perdue = *The crop has not yet failed.*

2. *Idée de quantité.* Deux sens différents :

— d'autre (d'autres) = *more.*

- Louis m'a encore donné des fleurs = *Lewis gave me some more flowers.*

— de reste = *left* (participe passé de *to leave* = laisser).

- Avez-vous encore de ce drap? = *Have you any of this cloth left?* Il a encore perdu 100\$ = *He lost another \$100.*

d) ***Assez*** peut signifier :

1. *suffisamment* (sens le plus fréquent) = *enough*.

- Voici un coureur assez entraîné pour battre le record = *Here is a runner trained **enough** to break the record.*

2. *passablement* = *pretty, fairly*.

- Votre anglais est assez bon = *Your English is **pretty** good.*

3. *plutôt* = rather.

- Je me sens assez paresseux aujourd'hui = *I feel **rather** lazy to-day.*

N.-B. — *Assez de* est un adjectif indéfini [75, *d*].

e) ***Très*** [54, *d*].

f) ***Trop, si*** (ou tant, tellement) se traduisent par *too, so* avec un adjectif ou un adverbe, par *too much, so much* avec un verbe (notamment avec un participe passé).

- Elle est trop (si) exigeante = *She is **too (so)** particular.* — Vous lisez trop (tant) = *You read **too (so) much**.*

g) ***Aussi***, adverbe, signifie *pareillement*, *également* ou *de plus*. Il se traduit par *also* ou *too*.

- Si vous voulez aller à Québec, j'irai aussi = *If you choose to go to Quebec City, I'll go **too**.* — C'est notre chien de garde qui aboie. Nous avons aussi un caniche, un bouledogue et deux lévriers = *It is our watch dog that is barking. We **also** have a poodle, a bulldog and two hounds.*

N.-B. — *Aussi* peut être également conjonction de coordination [110, *a*].

h) ***Où*** peut être adverbe interrogatif de lieu, adverbe relatif de lieu ou de temps.

1. Adverbe de *lieu*, il se traduit par *where*.

- D'où vient-il? = **Where is he coming from?** — Voilà l'endroit où nous avons été heureux = **There is the place where we have been happy.**

2. Adverbe de *temps*, il se traduit par *when*.

- Il fut un temps où ce village était une ville importante = **There was a time when this village was an important city.**

i) Que, adverbe exclamatif, signifie *combien* et se traduit par *how*.

- Qu'elle était verte ma vallée! = **How green was my valley!**

j) Quelque, adverbe, précède un adjectif qualificatif ou un adjectif numéral.

1. Devant un adjectif *qualificatif*, lui-même suivi de *que*, il a le sens de *si*. Deux traductions possibles :

— *however* + adjectif + ... *may* (ou *might*) + verbe [83, *b*];

— adjectif + *as* + ... verbe.

- Quelque triste qu'il fût, il ne pouvait s'empêcher de rire = **Sad as he was, he could not help laughing.**

2. Devant un adjectif *numéral*, il a le sens de *environ* et se traduit soit par *about*, soit par l'indéfini *some* :

- La prairie fait quelque 50 verges sur 120 = **The meadow is about 50 yards by 120.** — Mon frère est de quelque trois ans mon aîné = **My brother is some three years older than I.**

N.-B. — Ne pas confondre *quelque*, adverbe, avec *quelque* adjectif indéfini [75, *c*] et *quel* (indéfini) *que* (conjonction) précédant généralement le verbe *être* [83, *b*].

Remarque — *Assez de, trop de, que de* sont des adjectifs indéfinis, parfois exclamatifs [75, *c*, N.B., et 75, *d*].

97. Comparatifs et superlatifs adverbiaux

a) Les adverbes peuvent avoir un comparatif et un superlatif qui se forment comme ceux des adjectifs (avec *more* et *most* pour les comparatifs et superlatifs de supériorité quand l'adverbe a plus d'une syllabe).

- *Longer* peut signifier plus longtemps. — *More solidly* = plus solidement. — Par exception *early* (deux syllabes) donne *earlier* = plus tôt.

b) Quelques adverbes ont des comparatifs et superlatifs irréguliers [52, *c*].

c) Le superlatif adverbial de supériorité omet parfois l'article :

- *The rose is the flower I like best* = La rose est la fleur que j'aime le mieux.

98. Place de l'adverbe anglais modifiant un adjectif ou un adverbe

L'adverbe *précède* obligatoirement l'un ou l'autre de ces mots :

- *Your father was very kind to me* = Votre père fut très bon pour moi. — *It's much better* = C'est beaucoup mieux ! — *How lovely this landscape is* = Que ce paysage est charmant ! — *How fast he swims* = Comme il nage vite !

Exception : Enough = *assez, ago* et *since* dans le sens de *il y a, depuis* suivent au contraire l'adjectif ou l'adverbe.

- *Are you proficient enough to turn this into good English?* = Êtes-vous assez fort pour traduire ceci en bon anglais? — *Long ago* (ou *since*)... = il y a (ou depuis) longtemps.

99. Place de l'adverbe modifiant un verbe

a) ***En tête de la phrase,*** pour les mettre en relief, peuvent figurer certains adverbes, qui entraînent alors l'*inversion* du sujet : c'est le cas notamment de *hardly* et *scarcely* = à peine, *never* = jamais; *no sooner* = pas plus tôt; *only* = seulement, *often* = souvent; *seldom* = rarement :

- *No sooner had* the robber *seen the policeman than he dropped what he had taken* = Le voleur n'avait pas plus tôt aperçu l'agent qu'il abandonna ce qu'il avait pris.

N.-B. — Cette inversion n'est pas obligatoire pour tous les adverbes et locutions adverbiales. Ainsi :

- ***Perhaps I shall drive*** = Peut-être irai-je en voiture. — ***Last month*** *my nephew graduated.* = Le mois dernier, mon neveu a reçu son diplôme.

b) ***Entre le sujet et le verbe*** aux temps simples, ***entre le premier auxiliaire et le reste du verbe*** aux temps composés se placent :

1. la plupart des adverbes d'*affirmation* et de *doute* :

- *She **probably** dances every Saturday night* = Elle danse probablement tous les samedis soirs. — *I have **certainly** brought him to reason* = Je l'ai certainement ramené à la raison.

2. quelques adverbes de *quantité : nearly, almost, hardly, scarcely, quite, also :*

- *I **quite** understand you* = Je vous comprends tout à fait. — *The two brothers have **almost** come to blows* = Les deux frères en sont presque venus aux coups.

3. les adverbes de *temps imprécis :*

- *It **often** rains in their dreary town* = Il pleut souvent dans leur ville lugubre. — *We shall **never** go back into this draughty house* = Nous ne retournerons jamais dans cette maison pleine de courants d'air.

4. les adverbes de *manière* (première position) :

* *Diane **easily** succeeded in passing her exam* = Diane a réussi sans peine à passer son examen. — *We had been **suddenly** caught in a fog* = Nous avions été brusquement saisis par le brouillard.

N.-B. — Remarquer que pour les temps composés, les adverbes de manière se placent généralement après le *dernier auxiliaire*.

c) *Immédiatement après le verbe* peuvent se placer :

— les adverbes de *manière* si le verbe n'a pas d'objet direct (deuxième position) :

* *Captain Ransom had behaved **bravely** in the last war* = Le capitaine Ransom s'était conduit bravement durant la dernière guerre. — *Do not laugh **maliciously** at their clumsiness* = Ne vous moquez pas méchamment de leur maladresse.

d) *Après le complément d'objet* et souvent en fin de proposition viennent :

1. les adverbes de *lieu :*

* *Untidy Margaret has left all her books **here*** = Marguerite la désordonnée a laissé ici tous ses livres.

2. les adverbes de *temps précis :*

* *I shall go and see you **to-morrow*** = J'irai vous voir demain.

3. les adverbes de *quantité : much* et *very much, little* et *very little, greatly, plenty, too much, enough.*

* *He reads this kind of book **too much*** = Il lit trop ce genre de livres.

4. les adverbes de *manière*, s'ils sont plus longs que le complément d'objet ou qu'on veuille insister sur eux (troisième position) :

• *The beggar took to eating bread greedily* = Le mendiant se mit à manger avidement son pain.

Conclusion : L'adverbe anglais qui, suivant les cas, peut occuper une ou plusieurs positions dans la phrase *ne s'interpose jamais entre le verbe et son objet direct.*

100. La postposition

Parmi les adverbes de *lieu*, ceux qui indiquent un *mouvement* peuvent entrer dans la formation des verbes composés à titre de postpositions. Les postpositions expriment — nous l'avons vu [10] — l'idée verbale essentielle, idée qui dérive plus ou moins du sens de l'adverbe primitif. Les verbes ainsi composés ne sont pas d'ailleurs que des verbes de *mouvement*, mais encore des verbes d'*action* en général et même des verbes d'*état*.

Voici les postpositions les plus usuelles, avec, pour chacune d'elles, l'idée ou les idées verbales (**I.v.**) correspondantes et quelques-uns des verbes qu'elles contribuent à former.

a) Across — **I.v.** : mouvement à *travers*, d'un point à un autre.

— D'où : traverser :

• *Can you swim across?* = Pouvez-vous traverser à la nage?

b) Away — **I.v.** : 1. *éloignement;* 2. *action continue;* 3. *décision.*

— D'où :

1. Partir, s'éloigner, faire partir :

• *The horse trotted away towards the town* = Le cheval s'éloigna au trot vers la ville. — *His father hounded him away* = À force de le harceler constamment, son père l'a fait partir.

2. Ne pas cesser de :

- *He is working away at his English* = Il travaille son anglais d'arrache-pied (il ne cesse de travailler...).

3. Se décider à :

- *Speak away* = Parlez donc! (Décidez-vous à parler).

c) ***Back*** — I.v. : *retour en arrière* dans l'espace et le temps.

— D'où : retourner, revenir en arrière, remonter à :

- *Rain or shine, we shall walk back* = Qu'il pleuve ou fasse beau, nous reviendrons à pied. — *It was away back in 1940* = Cela remonte à 1940.

d) ***By*** — I.v. : *près de* (mouvement et état).

— D'où : passer, se tenir auprès de, être présent :

- *The skier darted by* = Le skieur passa comme un éclair. — *When she went into hysterics, I was standing by* = Quand elle a eu sa crise de nerfs, j'étais là.

e) ***Down*** — I.v. : *vers le bas* (mouvement), *en bas*, *bas* (état).

— D'où : descendre, faire descendre, réduire, abattre, inscrire (coucher sur), être étendu, au lit :

- *Their messenger tore **down** the street* = Leur messager a descendu la rue à toute vitesse. — *How long did your marmalade boil **down**?* = Combien de temps avez-vous fait réduire votre marmelade? — *The storm blew **down** four apple trees in our orchard* = L'orage a abattu quatre pommiers dans notre verger. — *Why did you not write **down** all that I said?* = Pourquoi n'avez-vous pas inscrit tout ce que je vous ai dit? — *The doctor is **down** with the flu* = Le médecin est au lit avec la grippe.

f) Forth — I.v. : mouvement *vers le dehors.**

— D'où : sortir, paraître :

- *At what time shall we set forth* = À quelle heure nous mettrons-nous en route? — *The Queen came forth...* = La reine parut.

g) Forward — I.v. : mouvement *en avant* dans l'espace et le temps.

— D'où : avancer, faire avancer, tendre vers :

- *Get these children forward* = Faites avancer ces enfants. — *Mary is looking forward to the Summer holidays* = Marie attend les grandes vacances avec impatience.

h) In — I.v. : *de l'extérieur à l'intérieur* (mouvement); dedans, dans un lieu, dans une situation donnée (état).

— D'où : entrer, rentrer, être chez soi, être arrivé, être parvenu à :

- *The boys rushed in* = Les garçons entrèrent précipitamment. — *The reapers had just gathered in the harvest when it turned to rain* = Les moissonneurs venaient de rentrer la moisson quand le temps se mit à la pluie.

- *At what time will he be in?* = À quelle heure sera-t-il chez lui? — *Is the train in?* = Le train est-il en gare? — *Spring is in* = Le printemps est arrivé (est là). *Asparagus is in* = C'est la saison des asperges. — *Your candidate is in* = Votre candidat est élu.

101. Les postpositions adverbiales

a) Off — I.v. : 1. *Séparation brusque*, rupture; 2. *Mise en relief.*

— D'où :

---

* Préposition vieillie.

1. Enlever, emporter, interrompre, partir, cesser de :

- *Hats off* = Chapeaux bas! (enlevez vos chapeaux).
  — *The flag has been blown off* = Le vent a emporté le drapeau. — *The ignition is off* = On a coupé le contact. — *I'm off to the Bahamas* = Je pars pour les Bahamas. — *Take my advice, leave off smoking* = Suivez mon conseil, cessez de fumer.

2. Se faire valoir :

- *Catherine is always showing off* = Catherine «pose» constamment.

b) On — I.v. : 1. *dessus* (état et mouvement); 2. *progression, action* en général.

— D'où :

1. Être sur, mettre sur :

- *What is on just now?* = Qu'y a-t-il à l'affiche? — *I slip on my overcoat* = Je mets mon pardessus.

2. Avancer, continuer, faire (quelque chose) :

- *Come on* = Venez! — *Read on* = Continuez votre lecture. — *I have nothing on this evening* = Je n'ai rien à faire ce soir.

c) Out — I.v. : 1. *vers le dehors* (mouvement), *être dehors*; 2. *disparition,* suppression; 3. *accomplissement.*

— D'où :

1. Sortir, faire sortir, être hors de, se tromper (être hors de la vérité) :

- *Graham Greene's last novel is just out* = Le dernier roman de Graham Greene vient de sortir. — *The Indians used to hew out canoes from logs* = Les Indiens fabriquaient des canots en évidant des troncs d'arbres. *We have been out at sea for three days* =

Il y a trois jours que nous sommes en mer. — *You are away out* = Vous vous trompez complètement.

2. Faire disparaître, éteindre, effacer :

• *Don't blow out your match, please* = N'éteignez pas votre allumette, s'il vous plaît. — *Rub out these pencil marks* = Effacez ces coups de crayon.

3. Faire (quelque chose) jusqu'au bout, être à bout :

• *Five hundred skirmishers held out against ten thousand assailants till the day after* = Cinq cents tirailleurs résistèrent jusqu'au lendemain contre dix mille assaillants. — *Poor thing, he is tired out* = Le pauvre, il est éreinté.

d) Over — I.v. : 1. D'un endroit à un autre, *par dessus*; au-delà; 2. *achèvement*; 3. *répétition*; 4. *partout* (action et état).

— D'où :

1. Passer par dessus, déborder, franchir :

• *A cuckoo flew over our house yesterday* = Un coucou a survolé notre maison hier. — *The milk boiled over* = Le lait a débordé. — *Let us go over to them* = Passons de leur côté.

2. Prendre fin :

• *The fall term is over* = Le trimestre d'automne est achevé.

3. Refaire :

• *I have to do it all over again* = Je dois tout recommencer.

4. Verbes divers avec *partout* :

• *The wounded man is in pain all over* = Le blessé a mal partout.

e) Round — I.v. : *autour, en rond.*

— D'où : tourner, faire le tour, revenir à soi :

- *Go round* = Faites le tour. — *He has not yet come round again* = Il n'a pas encore repris ses esprits.

f) Under — I.v. : *en dessous* (au sens propre et figuré) :

- *He's gone under* = C'est un homme fini.

g) Up — I.v. : 1. *vers le haut* (mouvement), vers un but désigné; 2. *debout* (état); 3. *achèvement*.

— D'où :

1. Monter, aller à, se présenter à :

- *The car was labouring up the hill* = La voiture montait péniblement la côte. — *When will you be up for election?* = Quand vous présenterez-vous aux élections?

2. Être debout :

- *The boss is up early* = Le patron est debout de bonne heure. Pour l'action *on dira : The boss gets up...* (se lève).

3. Terminer, être venu (pour le temps fixé) :

- *The glutton has eaten up the pie* = Le glouton a mangé toute la tarte. — *Time is up* = C'est l'heure.

104. Postpositions non adverbiales Place de la postposition

a) Postpositions - adjectifs — D'autres mots que les adverbes, et spécialement les adjectifs, peuvent tenir lieu de postpositions :

- *The old woman cried her eyes red* = La vieille femme avait les yeux rouges à force de pleurer. — *I pushed the door open* = J'ouvris la porte en la poussant. — *Our parson preached the congregation asleep* = Notre pasteur a endormi les fidèles par son sermon. — *You will walk yourselves sober* =

Vous vous dégriserez en marchant. — *The foot-
baller was kicked lame* = Le joueur de football
devint boiteux à la suite d'un coup de pied.

b) Place de la postposition — La postposition :

1. *suit d'habitude le verbe,* sauf quand celui-ci a pour
complément d'objet un pronom qui s'intercale alors entre
eux :

• *The workman is taking off his coat* = L'ouvrier
enlève sa veste. — *He is taking it off* = Il l'enlève.

2. se place quelquefois *au début de la proposition*
pour lui donner un ton plus vif :

• *Up the tamer came and the six lions left off roaring*
= Survint le dompteur, et les six lions cessèrent de
rugir.

II — LA PRÉPOSITION

103. La préposition anglaise, sa place et son emploi

a) **Place** — 1. La préposition se place normalement devant le mot qu'elle régit. — 2. Suivie d'un pronom interrogatif ou relatif elle *peut* être rejetée après le verbe — 3. Elle *doit* l'être avec *that* et un relatif sous entendu :

- *Of whom are you thinking?* ou *Whom are you thinking of?* = À qui pensez-vous? — Mais : *The man that you sent for will not come* = L'homme que vous avez envoyé chercher ne viendra pas.

b) **Emploi : fonction des mots qui suivent la préposition**

1. La préposition anglaise peut annoncer un *complément de nom* :

- *A shower of blows* = une grêle de coups. — *The way to the station* = le chemin de la gare. — *Corn in the ear* = du maïs en épi. — *A tragedy by Corneille* = une tragédie de Corneille. — *A satire on Parliament* = une satire contre le Parlement. — *A package from Europe* = un colis (en provenance) d'Europe.

Mais l'anglais utilise souvent, pour traduire les compléments de nom, le *cas possessif* [37], les *noms* ou *les adjectifs composés* [34 et 49] :

- *Our old aunt's saucepans* = les casseroles de notre vieille tante. — *A pleasure boat* = un bateau de plaisance. — *A fair-haired boy* = un garçon aux cheveux blonds.

2. La préposition anglaise introduit le plus souvent :

— Le complément *d'objet* des verbes intransitifs (complément indirect), comme en français :

- *We had longed for this day* = Nous avions ardemment désiré ce jour.

— Les compléments *circonstanciels* qui, en français, ne sont souvent accompagnés d'aucune préposition :

- *We went for a swim in the evening* = Nous nous sommes baignés le soir. — *On the first of May, I shall pass the fifty mark* = Le 1er mai, je doublerai le cap de la cinquantaine. — *Absent-minded Andrew went into the church with his hat on his head* = Ce distrait d'André entra dans l'église le chapeau sur la tête.

N.-B. — On emploie toutefois sans préposition les compléments de temps commençant par un *démonstratif,* par *one,* par *next* ou *last* :

- *This evening...; one day...; next month...; last year.*

3. Plusieurs prépositions peuvent régir le *même complément* :

- *Two police officers hunted after and fired at the murderer* = Deux officiers de police poursuivirent l'assassin et firent feu sur lui.

*c) Emploi : nature des mots qui suivent la pré-
position*

Viennent après la préposition soit un *nom*, soit un
pronom-complément, soit un *gérondif :*

- *I am warmly clad from head to foot* = Je suis
chaudement vêtu de la tête aux pieds. — *Call for
me to-morrow* = Passez me prendre demain. —
We are tired of meeting them at the station =
Nous sommes las d'aller les attendre à la gare.

Exception — *To* se construit normalement avec l'infinitif.
De même les locutions prépositives *in order to, so as to* =
afin de, pour et l'expression *to be about to* = être sur le
point de. Mais les verbes *to object to* = s'opposer à, *to be
used to* = être habitué à, demandent le gérondif :

- *You had the nerve to tell such a lie!* = Vous avez
eu le toupet de raconter un tel mensonge! — *Read
the magazine this evening so as to give it back to-
morrow* = Lisez la revue ce soir afin de la rendre
demain. — *Mais : I was not used to harvesting
grapes* = Je n'étais pas habitué à faire la vendange.

104. Prépositions principales avec leurs sens divers : *at* et *to; in* et *into*

a) At et *to*

1. *At* = à, mais aussi *de, sur, chez,* avec des nuances
diverses de sens. Elle indique suivant les cas :

- le *lieu* où l'on est (absence de mouvement, de
direction vers). Elle se traduit alors par *à, chez,* ou
ne se traduit pas :
- *You are at home, but your son is at the door* =
Vous êtes chez vous, mais votre fils est à la porte. —
He lives at Ingersoll = Il habite Ingersoll.

Exception — *In* remplace *at* pour les grandes villes [104,
b, 1].

N.-B. — Le verbe *arrive*, marquant l'*arrêt* d'un mouvement, demande *at* :

- *We shall arrive at the station behind time* = Nous arriverons avec du retard à la gare.

— l'*occupation* :

- *The foreman is still at work* = Le chef d'atelier est encore au travail.

— le *moment précis* :

- *The marriage will be celebrated at eleven o'clock* = Le mariage sera célébré à onze heures.

— le *but visé* avec, parfois, *intention malveillante, agressive* :

- *Look at my beans, melons and asparagus* = Regardez mes haricots, mes melons et mes asperges. — *The scoundrels aimed at us* = Les chenapans nous visèrent. — *The covering troops went at the enemy* = Les troupes de couverture marchèrent sur l'ennemi. — *His buddies laughed at him* = Ses camarades se moquèrent de lui.

— des *sentiments divers :* joie, peine, surprise :

- *I am rejoicing at your unexpected success but grieving at your incorrigible laziness* = Je me réjouis de votre succès inattendu, mais suis peiné de votre incorrigible paresse. — *I was surprised at his being there* = Je fus surpris de le trouver là.

2. **To** = *à, pour, envers* (à l'égard de), *en comparaison de, en.*

— *To* = *à*, dans des sens variés, mais avec une idée de mouvement, de direction vers, de tendance à :

- *This sick girl does not go to school anymore* = Cette fille malade ne va plus à l'école. — *He threw the lifebuoy to the shipwrecked man* = Il lança la bouée de sauvetage au naufragé. — *Don't give way to your grief* = Ne vous laissez pas aller à votre chagrin.

N.-B. — Voir, parmi les exemples précédents, la construction de *to throw* avec *to;* mais on eût dit : *he threw a stone at...* = il lança une pierre à (intention agressive).

— *To = pour* (manière de se comporter à l'égard de quelqu'un) :

- *My godfather was very kind to me* = Mon parrain a été très bon pour moi.

— *To = en comparaison de :*

- *Your troubles are nothing to mine* = Vos soucis ne sont rien en comparaison des miens.

— *To = en* (changement d'état) :

- *This old bridge is falling to ruins* = Ce vieux pont tombe en ruines.

— **Expressions diverses :** *At first* = au début; *at last, at length* = enfin (mais *to the last* = jusqu'au bout); *at once* = à la fois, immédiatement; *at any rate* = en tout cas; *at peace* = en paix; *at war* = en guerre.

To my taste = à mon goût; *to my mind* = à mon gré; *to my great surprise* = à ma grande surprise; *to the number of twenty* = au nombre de vingt; *to sing to the tune of...* = chanter sur l'air de...

Verbes construits avec *at*

To aim at	= viser	*To knock at*	= frapper à
To be alarmed at	= être alarmé de	*To laugh at*	= rire de
To be amazed at	= être étonné de	*To look at*	= regarder
To fire at	= faire feu sur	*To play at*	= jouer à (cartes)
To fling at	= jeter sur	*(to play)*	= jouer de (un instrument)
To gaze at	= regarder fixement	*To point at*	= montrer
To glance at	= jeter des regards sur	*To smile at*	= sourire à
*To grieve at**	= s'affliger de	*To stare at*	= dévisager
To hoot at	= huer	*To weep at**	= pleurer de
To jeer at	= se moquer de	*To wonder at*	= s'étonner de
*Ou : over		*Ou : for	

avec *to*

To agree to	= consentir à	*To bow to*	= s'incliner devant
To apply to	= s'appliquer à	*To kneel to*	= s'agenouiller devant
	s'adresser à	*To listen to*	= écouter
To belong to	= appartenir à	*To reconcile to*	= se réconcilier avec

b) **In** et *into*

1. **In** = *dans, en, à* et parfois *de, par*. Elle indique :

— le *lieu* où l'*on est* (absence de direction, mais non nécessairement de mouvement).

- *We were walking in town (in the country, in the mountain* = Nous nous promenions en ville (à la campagne, à la (ou en) montagne). — *He has been in New York for many years* = Il y a de nombreuses années qu'il est à New York. — *In the sun* = au soleil; *in the shade* = *à l'ombre; in the shower* = sous la douche.

— le *temps :*

- *In 1984* = en 1984. — *In winter* = en hiver — *In the morning* = le matin.

— la *manière :*

- *In his way* = à sa manière. — *In a loud (low) voice* = À voix haute (basse). — *In cold blood* = De sang froid. — *Dressed in black* = Habillé de noir.

— **Expressions diverses :** *In nice (bad, rainy) weather* = Par beau temps (par mauvais temps, par temps pluvieux). — *In all weathers* = Par tous les temps. — *In and out* = va-et-vient.

2. **Into** = *dans, en, vers,* marque :

— la *pénétration :*

- *The farmhand ran into the barn* = La valet de ferme entra dans la grange en courant.

N.-B. — Comparer *to go to Germany* = aller en Allemagne (direction vers) et *to go into Germany* = entrer en Allemagne (pénétration dans le pays).

— la *transformation :*

- *Every caterpillar turns into a butterfly* = Toute chenille devient papillon. — *We have translated this epic poem into French* = Nous avons traduit cette épopée vers le français.

Verbes construits avec *in*

To abound in = abonder en	*To persevere in* = persévérer dans
To believe in = croire à, en	*To persist in* = persister à, dans
To confide in = se confier à	*To succeed in* = réussir à
To consist in = consister en	*To take pleasure in* = prendre plaisir à
To end in = finir par	*To trust in* = avoir confiance en

avec *into*

To admit into = admettre à	*To enter into* = entrer dans (sens figuré)
To degenerate into = dégénérer en	*To translate into* = traduire vers/en
	To turn into = tourner en, se transformer en, devenir

105. *Across* et *through;* *between* et *among; from*

a) *Across* et *through*

1. **Across** = *en travers de; de l'autre côté de* (avec ou sans mouvement) :

- *There is a rowboat **across** the river* = Il y a une chaloupe de l'autre côté de la rivière.
- *Let us row **across** (to) the other bank* = Ramons jusqu'à l'autre rive. — *The townhall is **across** the main street* = L'Hôtel de ville est de l'autre côté de la grand-rue.

2. **Through** signifie :

— *à travers, au travers de, par* :

- *You should not have ridden **through** the vicar's field* = Vous n'auriez pas dû passer à cheval à travers le champ du pasteur. — *Look at them **through** the window* = Regardez-les par la fenêtre.

— *d'un bout à l'autre de* (lieu et temps) :

- *We sailed all **through** the Seven Seas* = Nous avons sillonné toutes les mers. — *It looked like rain all **through** the Spring* = Le temps a été à la pluie d'un bout à l'autre du printemps.

N.-B. — Pour renforcer l'idée de temps, on emploie

quelquefois *throughout,* notamment dans l'expression *throughout the year* = d'un bout de l'année à l'autre.

— *par l'intermédiaire de* :

• *Through whom have you heard the news?* = Par qui avez-vous entendu la nouvelle?

b) Between et *among*

1. **Between** signifie *entre deux* (personnes, animaux ou choses) :

• *Between the two employees there is no love lost* = Les deux employés ne peuvent pas se sentir. — *Between four and five o'clock* = Entre quatre et cinq heures.

N.-B. — On dit toutefois : *She dropped on her knees, her head in her hands* = Elle tomba à genoux, la tête entre les mains.

2. **Among** signifie *entre, parmi plusieurs* (personnes, etc.) :

• *Their son was chosen among a hundred candidates* = Leur fils a été choisi parmi cent candidats. — *Among other things...* = Entre autres choses...

N.-B. — *Among* peut aussi, dans certains cas, se traduire par *chez* [39, *b*, 2].

c) From, far from, away from

From = *de, depuis, etc. Elle indique* :

— l'*éloignement, l'absence* (dans ce cas elle est souvent précédée de *far* et de *away* qui introduisent certaines nuances de sens). Traductions diverses.

• *You greatly differ from your brother* = Vous êtes très différent de votre frère. — *Is our Frank safe from danger?* = Notre François est-il hors de danger? — *The cathedral is far from the centre* = La cathédrale est éloignée du centre (de la ville). —

*I shall be **away from** home to-morrow* = Je ne serai pas chez moi demain.

— le *point de départ* dans l'*espace* et dans le *temps* :

- ***From north to south*** = Du nord au sud. — *A crystal chandelier was hanging **from** the ceiling* = Un lustre de cristal pendait au plafond. — ***From my childhood*** = Depuis mon enfance. — *The Christmas holidays will last **from** December 23rd to January 4th* = Les vacances de Noël dureront du 23 décembre au 4 janvier.

— l'*origine*, la *provenance*. Traduction : *de*.

- *A major risen **from** the ranks took command of the battalion* = Un major sorti du rang a pris le commandement du bataillon. — *We have heard **from** him* = Nous avons eu de ses nouvelles (directement; si les nouvelles ne provenaient pas de lui, on substituerait *of* à *from*).

— la cause. Traduction : *de, par suite de, à cause de, d'après* :

- *My grandfather suffered **from** rhumatism* = Mon grand-père souffrait de rhumatismes. — ***From** what he said, I could guess what he was* = D'après ses dires, j'ai pu deviner ce qu'il était.

N.-B. — *From* rend aussi *d'après*, ayant le sens de *selon*. Il est alors synonyme de *according to* [109, *a*, 5].

Verbes se construisant avec *from*

To abstain from	= s'abstenir de	*To hear from*	= avoir des nouvelles de
To appear from	= résulter de	*To hide from*	= se cacher de
To conceal from	= cacher à	*To prevent from*	= empêcher de
To defend from	= préserver de	*To part from*	= se séparer de
To deliver from	= délivrer de	*To protect from*	= protéger contre/de
To desist from	= se désister	*To recover from*	= se rétablir de
To differ from	= être différent de	*To rescue from*	= délivrer de
To dispense from	= dispenser de	*To secure from*	= garantir de
To distinguish from	= distinguer de	*To take away from*	= ôter à

106. *On, above* et *over;*
     below et *under; about*

    a) On (remplacé quelquefois par *upon*); *above* et *over*

1. **On**

— Traduit *sur* dans le sens le plus général, avec idée de *contact* (réel ou figuré) et dans le sens d'*à propos de* :

- *Your book should be on the desk* = Votre livre devrait être sur le bureau — *Upon my honour; upon my conscience* = sur l'honneur; la main sur la conscience.

- *Give me your opinion on the last poll* = Donnez-moi votre opinion sur le dernier scrutin.

— Traduit *sur* (soi) :

- *Have you any money on you?* = Avez-vous de l'argent sur vous?

— Se place devant une *date* :

- *The Queen left Buckingham Palace on the first of October* = La Reine a quitté le Palais de Buckingham le 1er octobre.

— Employé avec le *gérondif*, traduit *au moment où* [89, *c*, 2].

— Traduit *de* signifiant *au moyen de* avec les verbes *se nourrir de, vivre de* :

- *The nuns in this convent live on milk and vegetables* = Les religieuses de ce couvent se nourrissent de lait et de légumes.

— *Expressions diverses* : *To be on duty* = être de service. — *On each side* = de chaque côté. — *On the right, on the left* = à droite, à gauche. — *On a journey (by land)* = en voyage. — *On fire* = en feu; *to set on fire* = mettre le feu à.

Verbes construits avec *on*

To bestow upon	= conférer à		*To have pity on*	= avoir pitié de
To breakfast on	= déjeuner de		*To inflict on*	= infliger à
To call on	= faire appel à		*To insist on*	= insister sur
	= rendre visite à		*To live on*	= vivre de
To congratulate on	= féliciter de		*To make war on*	= faire la guerre à
To converse on	= s'entretenir sur		*To muse on*	= réfléchir à
To depend on	= dépendre de		*To rely on*	= se fier à
To dine on	= dîner de		*To subsist on*	= subsister de
To expatiate upon	= discourir sur			

2. **Above** *signifie au-dessus de*, avec des nuances variées :

— *sur* (sans contact) :

- *The moon is above the steeple* = La lune est sur le clocher.

— *en amont de :*

- *The St. Lawrence above Quebec City.* = Le Saint-Laurent en amont de Québec.

— *supérieur à* (en valeur, hiérarchiquement) :

- *A lieutenant-general is above a major-general* = Un général de corps d'armée est au-dessus d'un général de division.

3. **Over** signifie :

— *par-dessus, au-dessus de* (avec ou sans mouvement) :

- *The dog jumped over the brook* = Le chien bondit par-dessus le ruisseau. — *Birds of passage were flying over the town* = Des oiseaux de passage volaient au-dessus de la ville. — *The vault of heaven is sparkling over the sea* = La voûte céleste étincelle au-dessus de la mer.

— *sur* (avec l'idée de supériorité, de domination) :

- *Caesar gained a victory over his foes* = César remporta une victoire sur ses ennemis. — *Elizabeth the First reigned over England for forty-five years* = Élisabeth Ire a régné sur l'Angleterre pendant quarante-cinq ans.

— *plus de* :

• *He has won over two million in this wildcat scheme* = Dans cette affaire louche, il a gagné plus de deux millions. — *She is over eighty* = Elle a plus de quatre-vingts ans.

— *Expressions diverses* : *I like to dawdle over my breakfast* = J'aime flâner en prenant mon petit déjeuner. — *All over the village (the world)* = Dans tout le village (le monde entier).

Verbes construits avec *over*

To brood over = ruminer	*To reign over*	= régner sur
To ponder over = méditer sur	*To rule over*	= —
To preside over = présider à	*To triumph over*	= triompher de

b) Below, under s'opposent soit à *over*, soit à *above*.

1. **Below** :

• *Here below* = ici-bas. — *Below the ground* = sous terre. — *The St. Lawrence below Quebec City* = Le Saint-Laurent en aval de Québec.

2. **Under** :

• *Under the table* = sous la table. — *A major-general is under a lieutenant-general* = un général de division est au-dessous d'un général de corps d'armée. — *Under Elizabeth the First* = Sous Élisabeth 1re.

c) About signifie :

— *autour de* :

• *His books were lying all about the room* = Ses livres traînaient çà et là dans la pièce.

— *vers* (environ) :

• *We parted about three o'clock* = Nous nous sommes séparés vers trois heures.

— *à propos de, au sujet de* :

- *I know nothing **about** his plans* = Je ne sais rien de ses projets.

— *en train de, occupé à :*

- *What is she **about**?* = Qu'est-elle en train de faire?

— *sur le point de :*

- *The documentary is **about** to begin* = Le documentaire va commencer.

Verbes construits avec *about*

To agree about	= être d'accord sur	*To inquire about*	= se renseigner sur
To be anxious about	= être inquiet de	*To quarrel about*	= se disputer
To consult about	= consulter sur	*To talk about*	= parler sur/de

107. *By; against; before* et *after; out of.*

*a) **By** = de, par, près de*, introduit les compléments circonstanciels suivants :

— *agent, moyen.* Traduction : *de, par, en :*

- *Our books are kept **by** a clever accountant* = Nos livres sont tenus par un comptable intelligent. — *The minister used to travel only **by** air* = Le ministre ne voyageait que par avion. — *He made a fortune **by** working* = Il a fait fortune en travaillant.

— *temps.* Traduction : *vers* et, dans certaines expressions, *de :*

- *My grandson will wake up **by** eight* = Mon petit-fils s'éveille vers huit heures. — ***By** night* = de nuit; *by day* = de jour.

— *lieu.* Traduction : *près de* (avec mouvement) :

- *Your canoe passed **by** the huge liner* = Votre canot est passé près du gigantesque paquebot.

— *mesure.* Traduction : *à :*

- *Everything is sold **by** weight in Sarah's shop* = Tout

est vendu au poids dans la boutique de Sarah. — *By the pound* = à la livre, etc.

b) *Against* = *sur*, *à*, (contact étroit), *contre*, *avec* (opposition) :

• *A strong wind whistled against his face* = Un vent fort lui fouettait le visage.

• *Why did you turn against your brother?* = Pourquoi vous êtes-vous retourné contre votre frère?

c) *Before* et *after*

1. **Before** = *avant*, *devant* (temps et lieu) :

• *Go before me* = Marchez devant moi. — *The plane will take off before this evening* = L'avion décollera avant ce soir.

2. **After** = *après* (temps), *après*, *derrière* (lieu); *suivant*, *à* (imitation) :

• *After autumn* = après l'automne. — *One after the other* = l'un après (ou derrière) l'autre. — *After the new fashion* = suivant (à) la nouvelle mode.

Verbes construits avec *after*

To hunt after	= courir après
To inquire after	= prendre des nouvelles de
To model after	= former (d'après un modèle); s'inspirer de
To take after	= tenir de (quelqu'un)

d) *Out of* signifie :

— *hors de* :

• *Here is an elevator out of order* = Voici un ascenseur en panne.

— *par* (impliquant une idée de *cause*) :

• *You acted out of spite* = Vous avez agi par méchanceté.

Expressions : *They ate out of silver plates and dishes* = Ils mangeaient dans de la vaisselle d'argent. — *Out of* *temper* = de mauvaise humeur; *out of sorts* = triste; *out of money* = sans le sou.

108. *Of, for, with, within* et *without*

  a) *Of* = *de* indique la possession, le rapport entre deux objets (quand il n'y a pas idée de mouvement) :

- *The feathers of the bird* = le plumage de l'oiseau. — *The sidewalks of the town* = les trottoirs de la ville.

Expressions : *The postmaster died of typhoid fever* = Le receveur des postes est mort de la fièvre typhoïde. — *It was very kind of him...* = Ce fut bien aimable à lui...

N.-B. — On se rappellera que *de* se traduit souvent par le cas possessif ou disparaît dans la formation des noms composés.

Verbes se construisant avec *of*

To approve of	= être partisan de	*To hear of*	= entendre parler de
To cheat of	= frustrer de		(indirectement)
To consist of	= se composer de	*To know of*	= être informé de
To disapprove of	= désapprouver	*To think of*	= penser à (ou de)

  b) *For* signifie :

— *pour*, marquant la *cause*, le *but*, la *destination* :

- *Two soldiers were decorated for giving the alarm* = Deux soldats ont été décorés pour avoir donné l'alarme. — *These earrings are for you* = Ces boucles d'oreilles sont pour vous. — *I am going to take the train for Windsor* = Je vais prendre le train pour (ou de) Windsor.

  On dira de même : *Go and look for the doctor* = Allez chercher le médecin.

- *There, but for the grace of God, go I* = Grâce à Dieu, ce n'est pas moi.

— *depuis* :

- *She has had a temperature for six days* = Elle a de la fièvre depuis six jours.

Verbes construits avec *for*

To answer for	= répondre de	*To contend for*	= se disputer
To ask for	= demander	*To hope for*	= espérer
To atone for	= expier	*To long for*	= désirer ardemment
To bargain for	= marchander	*To look for*	= chercher
To be sorry for	= regretter	*To pay for*	= payer
To beg for	= quémander	*To prepare for*	= se préparer à
To blame for	= blâmer de	*To punish for*	= punir de
To call for	= exiger, passer prendre (quelqu'un)	*To reward for*	= récompenser de
		To send for	= envoyer chercher
To care for	= se soucier de	*To wait for*	= attendre
To change for	= changer contre (pour)	*To wish for*	= désirer

c) **With** = *avec* (parfois *de*).

— *avec* (accompagnement) :

- *Don't stay with these unmannerly boys* = Ne restez pas avec ces garçons mal élevés. — *Our guests arrived with many supplies* = Nos invités sont arrivés avec beaucoup de provisions.

N.-B. — *With* accompagne souvent un complément circonstanciel qui, en français, se passe de préposition [103, *b*, 2].

— *avec* et *de* (*instrument, moyen, cause*) :

- *A violent neighbour drove away our dog with a stick* = Un voisin brutal a chassé notre chien à coups de (avec un) bâton. — *The audience was thrilled with the new play* = Tous les spectateurs ont été ravis de la nouvelle pièce.

Verbes construits avec *with*

To agree with	= être d'accord avec
To be content with	= se contenter de
To be elated with	= être euphorique
To be furious with	= être furieux de/contre
To be infatuated with	= s'engouer de (quelqu'un)
To be moved with	= être touché de
To be satisfied with	= être satisfait de

d) Within et *without*

1. **Within** = *à l'intérieur de, dans les limites de, dans un délai de :*

- *One enjoys being **within** doors again* = On a plaisir à se retrouver chez soi. — *Keep **within** call* = Restez à portée de la voix. — *They can make five hundred barrels **within** the year* = Ils peuvent fabriquer cinq cents tonneaux dans l'année.

2. **Without** signifie :

— *à l'extérieur de* (opposé de *within*) :

- *Without (vieilli) the ramparts* = en dehors des remparts.

— mais aussi *sans* (privation, absence) :

- *We reached the harbour **without** any trouble* = Nous sommes arrivés au port sans complications. — *He uncorked the bottle **without** a corkscrew* = Il a débouché la bouteille sans tire-bouchon. — *He rushed in **without** fear* = Il s'élança courageusement.

N.-B. — Remarquer la présence ou l'absence de l'article *a* entre *without* et le nom [45, *c*, 3].

109. Autres prépositions, postpositions et conjonctions

a) Prépositions diverses — On se contentera d'énumérer les prépositions suivantes dont le sens ne prête pas à confusion. Elles accompagnent des compléments circonstanciels de :

1. temps : *during* = pendant; *since* = depuis; *till, (until)* = jusqu'à.
2. lieu : *along* = le long de; *near* = près de; *round* et *around* = autour de; *in the middle of* = au milieu de.

3. cause : *because of* = à cause de.
4. but : *in order to* = afin de.
5. manière : *according to* = selon; *as* = en qualité de, comme [113, *c* 2]; *as for* = quant à; *but* = sauf, sinon [112, *b*, 1]; *except* = excepté; *by means of* = par, au moyen de; *despite, in spite of* = en dépit de, malgré; *instead of* = au lieu de; *like* = comme [113, *c*, 2]; *thanks to* = grâce à.

b) *Prépositions et postpositions — Prépositions et conjonctions*

1. Un même mot peut être tour à tour préposition et postposition. Il faut se garder de confondre les rôles très différents qu'il joue dans les deux cas:

- *Comparer : She puts on her dress* = Elle passe (revêt) sa robe, et *The old lady puts trinkets on her dress* = La vieille dame met des fanfreluches sur sa robe. Dans le premier exemple *on* est une postposition adverbiale, dans le second une préposition.

2. *After, before, since* et *till (until)* sont à la fois prépositions et conjonctions (après que, avant que, depuis que, jusqu'à ce que).

Ne pas traduire pour que par *for that,* mais par *in order that* ou *so that,* pendant que par *during that,* mais par *while,* sans que par *without that,* mais par *but* [112, *d*] ou par *without et le gérondif.*

III — LA CONJONCTION

110. Conjonctions de coordination

a) *Conjonctions simples :*

- *And* = et; *or* = ou; *for* = car; *but* = mais; *however, nevertheless, yet, still* = cependant, néanmoins, pourtant; *therefore* = c'est pourquoi, aussi; *though* = quoique.

— Elles se placent entre les membres de phrase qu'elles unissent, sauf *however, nevertheless, therefore* qu'on trouve parfois après le sujet de la seconde proposition :

- *Mr. Young has a ready pen; he however is not a writer* = M. Young a la plume facile; ce n'est pourtant pas un écrivain.

b) *Conjonctions doubles :*

Either... or = ou... ou; *neither... nor* = ni... ni.

- *Either you have left your camera behind, or it is lost* = Ou bien vous avez oublié votre appareil-photo, ou bien il est perdu.

N.-B. — *Neither, nor* sont toujours suivis d'un verbe à la forme affirmative [16, *b*, N.B. 2].

c) *Traductions particulières de la conjonction* et :

1. S'il est répété, *et* se traduit par *both... and.*

- David avait perdu et son père et sa mère = *David had lost both his father and mother.*

2. S'il unit deux propositions négatives on le rend par *nor* avec inversion du sujet dans le second membre de phrase:

- Il n'est pas venu et ne nous a pas averti = *He did not come nor did he let us know.*

111. Conjonctions de subordination

a) *That,* conjonction de subordination, introduit :

1. une proposition *complétive* (complément d'objet). Il est alors souvent sous-entendu. Traduction : *que* :

- *I realize that I can do nothing* = Je me rends compte que je ne peux rien.

2. une proposition *finale* (but). Dans ce cas :
— il est suivi de *may* (ou *might*) dans le discours littéraire.
— il peut être remplacé par *so that, in order that* ou par *so as, in order to* suivi de l'infinitif.

- *Come here that I may see you better* = Approchez que (afin que) je vous voie mieux. — *Lydia has been dieting so she won't get fat.* = Lydia s'est mise à suivre un régime pour ne pas grossir (pour qu'elle n'engraisse pas).

3. une proposition *consécutive* (conséquence) à l'indicatif [54, *d*, N.B.]. Il est alors précédé de *so*. Traduction : *que, de sorte* (ou *de manière*) *que.*

- *Pussy is so greedy that she licks all the plates* = Minet est si gourmand qu'il lèche tous les plats. — *Night was coming on so that things could not be seen any longer* = La nuit tombait de sorte qu'on n'y voyait plus rien.

b) As introduit :

1. le second terme du comparatif d'égalité ou du comparatif d'infériorité construit avec *not so*. Il se traduit alors par *que* [54, *a*, *b*].

N.-B. — Le premier *as* du comparatif d'égalité (= aussi) est adverbe.

2. une proposition *temporelle, causale* (à l'indicatif) ou *comparative*. Il se traduit dans les trois cas par *comme :*

— *Comme* = au moment où :

• *The dawn was breaking as I awoke* = Le jour se levait comme je m'éveillais.

— *Comme* = puisque, parce que :

• *As his opponent was playing upon words, the MP gave up speaking* = Comme son adversaire jouait sur les mots, le député renonça à parler.

— *Comme* = de même que, ainsi que :

• *I have taken my chances as you did yourself* = J'ai pris un risque comme vous l'avez fait vous-même.

c) When = quand, lorsque (où, dans les relatives), *after* = après que, *before* = avant que, *while* = pendant que, tandis que, *as soon as* = aussitôt que, *till* ou *until** = jusqu'à ce que, introduisent des temporelles à un temps de l'indicatif (sauf au futur) [80, *c*].

• *When the cat is away, the mice will play* = Le chat parti, les souris dansent. — *The day when this child was born, his father was killed in a railway accident* = Le jour où cet enfant est né, son père trouva la mort dans un accident de chemin de fer.

---

* *Until* ne prend qu'un *l*.

- *After (before) he had thanked everybody...* = Après qu'(avant qu') il eut (eût) remercié tout le monde...

- *While you are here, nothing serious can happen* = Pendant que vous êtes ici, rien de grave ne peut arriver.

- *As soon as dinner is served we shall sit down to table* = Dès que le dîner sera servi, nous nous mettrons à table.

- *Work away till I return* = Travaillez d'arrache-pied jusqu'à ce que je revienne.

N.-B. — On se reportera au paragraphe [81] pour l'étude des propositions temporelles où entrent *il y a, depuis que.*

d) *Because* = parce que, *since* = puisque, introduisent les *causales* (à l'indicatif).

- *She is penniless because she was too fond of travelling* = Elle est sans le sou parce qu'elle aimait trop les voyages.

- *Give it up since you can make nothing of it* = Renoncez-y, puisque vous n'y comprenez rien.

e) *Though* = quoique, bien que, introduit les *concessives* (à l'indicatif). Lorsqu'il signifie : quand bien même, même si (hypothèse), il est généralement suivi de *should* (discours littéraire).

- *Though there is nothing wrong with him, I cannot take to him* = Bien qu'il n'y ait rien à lui reprocher, je ne peux me faire à lui.

- *Though it should cost him his life, he would do it* = Même si cela devait lui coûter la vie il le ferait.

f) *If* = si, *supposing, suppose* = à supposer que, *provided (that)* = pourvu que, *unless* = à moins que, introduisent des *propositions conditionnelles* ou *hypothétiques* à l'*indicatif* ou construites avec *should.*

N.-B. — La construction avec *should* (plus littéraire que courante) marque d'un **doute accentué** l'éventualité qu'on envisage.

- *If you post this letter before five, it will be delivered tomorrow* = Si vous mettez cette lettre à la poste avant cinq heures, elle sera remise demain (à son destinataire). — *If you should post this letter before five, it should be delivered tomorrow* = Si vous mettez cette lettre à la poste avant cinq heures, elle devrait être livrée demain.

- *Provided it should not rain, (ou : Provided it doesn't rain,) our festival will be a success* = Pourvu qu'il ne pleuve pas, notre fête sera très réussie.

- *Suppose he should die, what would his wife do?* = À supposer qu'il meure, que ferait sa femme?

- *I'll finish this job to-day, unless I lose heart* = Je finirai ce travail aujourd'hui à moins que je ne perde courage.

g) As if ou *as though* appellent fréquemment le subjonctif :

- *You are chiding me as if it were my fault* = Vous me réprimandez comme si c'était ma faute.

h) If = si, et *whether* = si, sont utilisés dans l'interrogation indirecte, le second quand on émet deux hypothèses contradictoires :

- *Do you know if he wants to ask me to dinner?* = Savez-vous s'il veut m'inviter à dîner? — *I wonder whether he did it or not* = Je me demande s'il l'a fait ou non.

i) Whether... or rendent *soit que... soit que* :

- *Whether he spoke, or remained silent, I felt self-conscious with him* = Soit qu'il parlât, soit qu'il se tût, je me sentais gêné près de lui.

112. *But* : ses rôles et sens divers

But peut être adverbe, préposition, conjonction et jouer le rôle d'un relatif négatif.

a) Adverbe, il signifie :

1. *ne... que, seulement* (comme *only*).

* *My setter set but twice yesterday* = Mon chien n'est tombé en arrêt que deux fois hier.

N.-B. — Souvent, quand la tournure est possible, l'anglais fait précéder *but* de *nothing* :

* *Old man Ransom receives **nothing but** his unemployment insurance* = Le vieux Ransom ne touche que ses prestations d'assurance-chômage.

2. *presque* (s'il est précédé de *all*) :

* *The trawler **all but** capsized* = Le chalutier faillit chavirer (chavira presque).

b) préposition, il traduit les mots :

1. *sauf, sinon :*

* *All the hands **but** six agreed to this* = Tout l'équipage sauf six marins donna son accord.

2. *sans* (lorsqu'il est *suivi* de *for*) :

* *But for his friend, the poor boy would have been drowned* = Sans son ami, le pauvre garçon se serait noyé.

N.-B. — Comparer *but for* = sans (le secours, l'appui, l'intervention de) et *without* = sans (n'ayant pas).

3. *de*, dans l'expression *I cannot but, I cannot choose but* = Je ne peux m'empêcher de :

* *I cannot choose but think you are guilty* = Je ne peux m'empêcher de penser que tu es coupable.

c) conjonction de coordination, but signifie *mais* :

* *The postman is tall but not strong* = Le facteur est

grand, mais il n'est pas fort.

d) conjonction de subordination, il signifie *sans que :*

- *He cannot travel by air but his wife takes fright* =
Il ne peut voyager par avion sans que sa femme ne
soit morte de peur. — *It never rains but it pours* =
Un malheur n'arrive jamais seul (proverbe).

e) relatif négatif, but est l'équivalent de *that... not :*

- *There is no one but condemns this act* = Il n'y a
personne qui ne condamne cet acte.

113. Traduction de *que, si, comme.*

a) Que est pronom, adverbe ou conjonction :

1. pronom relatif : *whom, which, that* [71].

2. pronom interrogatif : *which, what* [74].

3. adverbe exclamatif : *how, how (much), how (many)* [96, *i*].

4. conjonction de subordination. Deux cas :
- ou bien il se rend par une des conjonctions anglaises
indiquées ci-dessus [111],
- ou bien il fait place à une proposition infinitive [83, *a*].

5. conjonction introduisant le complément d'un comparatif :
- de supériorité : *than* [53],
- d'infériorité : *as* après *not so, than* après *less* [54, *b*],
- d'égalité : traduction *as* après *as* [54, *a*].

N.-B. — *Que* ne se traduit pas quand il remplace une autre conjonction figurant dans une proposition voisine de même espèce :

- S'il entre et qu'il ne vous voie pas... = *If he comes in and does not see you.*

b) Si est adverbe ou conjonction :

1. *adverbe*, il a deux sens :

— *Tellement...* (que); de telle façon... que. Traduction : *so... that* [111, *a*, 3]

— *Quelque...* (que). Traduction : *however* [83, *b*].

2. conjonction de subordination, il marque une condition, une hypothèse [111, *f*] ou l'interrogation indirecte [111, *h*].

N.-B. — On se rappellera que, dans le second cas, *si* peut se rendre par une simple inversion du sujet [80].

c) Comme est adverbe, préposition ou conjonction :

1. *adverbe exclamatif*, il signifie combien, à quel point et se traduit par *how.*

- Comme il nage vite! = *How fast he swims!*

2. *préposition*, devant un nom ou un pronom, il signifie :

— ou bien *semblable à, de même que.* Traduction : *like :*

- Votre portefeuille est comme le mien = *Your wallet is like mine.* — Ça me va comme un gant = *It fits me like a glove.*

— ou bien *en qualité de.* Traduction : *as.*

- Comme ami, je dois vous dire... = *As a friend, I have to tell you...*

3. *conjonction*, il introduit des propositions diverses, mais se traduit toujours par *as* [111, *b*, 2].

114. Les interjections

Suivent les principales. On constatera que la plupart

ne sont pas traduisibles littéralement. Leur sens et celui de beaucoup d'autres varie suivant l'intonation et la gestualité.

Alas!	= Hélas!	*Indeed!*	= Vraiment!
All right!	= Très bien!	*Look out!*	= Attention!
Bravo!	= Bravo!	*Mind!*	= Attention!
Cheers!	= À votre santé!	*Oh, Lord!*	= Oh, mon Dieu!
Cheer up!	= Courage!	*Nonsense!*	= Allons donc!
Come now!	= Allons! Voyons!	*Sorry!*	= Pardon!
Encore!	= Bis!	*Thank God!*	= Dieu merci!
Farewell!	= Adieu!	*Well!*	= Eh bien! (concession)
Good gracious!	= Bonté divine!		= Eh bien! (hésitation)
Say!	= Dites donc!		= Hein! (surprise)
			Et alors?
Heavens!	= Ciel!		= Allons! Voyons!
Help!	= Au secours!	*Why!*	= Eh bien! Mais!
Hush!	= Chut!		Comment!

115. Annexe : Liste des verbes irréguliers

> *Les formes entre parenthèses sont peu usitées.*
>
> *L'* indique que le verbe ainsi marqué est plus courant que le verbe de même sens qui l'accompagne; • désigne des temps ayant une forme régulière à côté de leur forme irrégulière.*
>
> *Les verbes anglais composés en caractère romain sont des verbes réguliers synonymes du verbe irrégulier précédent.*

Inf.		Prét.	P.p.
To awake	= s'éveiller	*awoke•*	*awaked*
To be	= être	*was*	*been*
To bear	= porter	*bore*	*borne*
To beat	= battre	*beat*	*beaten*
To begin	= commencer	*began*	*begun*
To bend	= courber	*bent*	*bent*
To bereave	= priver	*bereft•*	*bereft•*
To deprive (of)*			
To beseech	= supplier	*besought*	*besought*
To bet	= parier	*bet*	*bet*
To bid	= ordonner	*bade*	*bid ou bidden*
To order*			
To bind	= attacher	*bound*	*bound*
To bite	= mordre	*bit*	*bit ou bitten*
To bleed	= saigner	*bled*	*bled*
To blow	= souffler	*blew*	*blown*
To break	= briser	*broke*	*broken*
To breed	= produire élever[1]	*bred*	*bred*

---

(1) des animaux.

To bring[2]	= apporter	*brought*	*brought*
To build	= bâtir	*built*	*built*
To burn	= brûler	*burnt*•	*burnt*•
To buy	= acheter	*bought*	*bought*
To cast	= jeter	*cast*	*cast*
To catch	= attraper	*caught*	*caught*
To chide	= gronder	*chid*	*chid*
To scold*			
To choose	= choisir	*chose*	*chosen*
To cleave	= fendre	*cleft*	*cleft*
To cling	= s'accrocher	*clung*	*clung*
To clothe	= vêtir	*clad*•	*(clad)*•
To come	= venir	*came*	*come*
To cost	= coûter	*cost*	*cost*
To creep	= ramper	*crept*	*crept*
To crow	= chanter (coq)	*crew*•	*crowed*
To cut	= couper	*cut*	*cut*
To dare	= oser	*durst*•	*dared*
To deal[3]	= trafiquer, distribuer	*dealt*	*dealt*
To dig	= creuser	*dug*	*dug*
To dip	= tremper	*dipped*	*dipped* ou *dipt*
To do	= faire	*did*	*done*
To draw	= tirer = dessiner	*drew*	*drawn*
To dream	= rêver	*dreamt*•	*dreamt*•
To drink	= boire	*drank*	*drunk*
To drive	= pousser, conduire[4]	*drove*	*driven*
To dwell	= demeurer	*dwelt*	*dwelt*
To eat	= manger	*ate*	*eaten*
To fall	= tomber	*fell*	*fallen*
To feed	= nourrir	*fed*	*fed*

---

(2) *To bring up* = élever des enfants. — (3) *To deal with* = avoir affaire à; *to deal in* = faire le commerce de; aussi *to deal with* = *traiter avec*. — (4) une voiture; enfoncer (un clou).

To feel	= sentir	*felt*	*felt*
To fight	= combattre	*fought*	*fought*
To find	= trouver	*found*	*found*
To flee	= fuir	*fled*	*fled*
To fling	= jeter	*flung*	*flung*
To fly	= voler	*flew*	*flown*
To forget	= oublier	*forgot*	*forgotten*
To forsake	= abandonner	*forsook*	*forsaken*
To freeze	= geler	*froze*	*frozen*
To get	= obtenir	*got*	*got*
To gild	= dorer	*gilt*	*gilt•*
To gird	= ceindre	*girt•*	*girt•*
To give	= donner	*gave*	*given*
To yield	donner(5)		
To go	= aller	*went*	*gone*
To grind	= moudre	*ground*	*ground*
To grow	= croître; devenir	*grew*	*grown*
To hang	= suspendre	*hung*	*hung*
To have	= avoir	*had*	*had*
To hear	= entendre	*heard*	*heard*
To heave	= soulever	*hove•*	*hove•*
To hew	= tailler	*hewed*	*hewn•*
To hide	= cacher	*hid*	*hid ou hidden*
To conceal			
To hit	= frapper	*hit*	*hit*
To hold	= tenir	*held*	*held*
To hurt	= blesser, faire mal(6)	*hurt*	*hurt*
To wound	= blesser(7)		
To keep	= garder	*kept*	*kept*
To kneel	= s'agenouiller	*knelt*	*knelt*
To knit	= tricoter	*knit•*	*knit•*
To know	= savoir, connaître	*knew*	*known*

---

(5) dans le sens de produire, céder. — (6) blessure physique et morale. — (7) blessure physique.

To lade	= charger	*laded*	*laden*
To burden*			
To load*			
To lay	= poser, pondre	*laid*	*laid*
To lead	= conduire	*led*	*led*
To lean	= s'appuyer	*leant•*	*leant•*
To leap	= sauter	*leapt•*	*leapt•*
To learn	=apprendre	*learnt•*	*learnt•*
To leave	= laisser, quitter	*left*	*left*
To lend	= prêter	*lent*	*lent*
To let	= laisser, permettre, louer	*let*	*let*
To lie	= être couché	*lay*	*lain*
To light	= allumer	*lit•*	*lit•*
To lose	= perdre	*lost*	*lost*
To make	= faire	*made*	*made*
To mean	= vouloir dire	*meant*	*meant*
To meet	= rencontrer	*met*	*met*
To mow	= faucher	*mowed*	*mown*
To pay	= payer	*paid*	*paid*
To pen	= parquer(8)	*pent*	*pent*
To put	= mettre	*put*	*put*
To read	= lire	*read*	*read*
To rend	= déchirer	*rent*	*rent*
To tear*			
To rid	= débarrasser	*rid*	*rid*
To ride	= aller à cheval, à bicyclette	*rode*	*ridden*
To ring	= sonner	*rang*	*rung*
To rise	= se lever (astres)	*rose*	*risen*
To rot	= pourrir	*rotted*	*rotten•*
To run	= courir	*ran*	*run*
To saw	= scier	*sawed*	*sawn•*

---

(8) placer dans un enclos.

To say	= dire	*said*	*said*
To see	= voir	*saw*	*seen*
To seek	= chercher	*sought*	*sought*
To look for			
To sell	= vendre	*sold*	*sold*
To send	= envoyer	*sent*	*sent*
To set	= placer	*set*	*set*
To sew	= coudre	*sewed*	*sewn*
To shake	= secouer	*shook*	*shaken*
To shear	= tondre	*shore*•	*shorn*•
To shed	= verser, répandre	*shed*	*shed*
To shine	= briller	*shone*	*shone*
To shoe	= chausser, ferrer	*shod*	*shod*
To shoot	= tirer, fusiller	*shot*	*shot*
To show	= montrer	*showed*	*shown*
To shred	= hacher	*shred*	*shred*
To shrink	= rétrécir	*shrank*	*shrunk*
To shrive	= confesser	*shrove*	*shriven*
To confess*			
To shut	= fermer	*shut*	*shut*
To close			
To sing	= chanter	*sang*	*sung*
To sink	= sombrer	*sank*	*sunk*
To sit	= s'asseoir	*sat*	*sat*
To slay	= tuer	*slew*	*slain*
To kill*			
To murder			
To sleep	= dormir	*slept*	*slept*
To slide	= glisser	*slid*	*slid*
To sling	= lancer[9]	*slung*	*slung*
To slink	= se dérober	*slunk*	*slunk*
To slit	= fendre	*slit*	*slit*
To smell	= sentir (odorat)	*smelt*	*smelt*
To smite	= frapper	*smote*	*smitten*

---

(9) avec une fronde.

To sow	= semer	sowed	sown•
To speak	= parler	spoke	spoken
To speed	= hâter, se hâter	sped	sped
To hurry*			
To spell	= épeler	spelt	spelt
To spend	= dépenser	spent	spent
To spill	= répandre[10]	spilt•	spilt•
To spin	= filer	spun	spun
To spit	= cracher	spat	spat
To split	= fendre	split	split
To spoil	= gâter	(spoilt)•	(spoilt)•
To spread	= étendre, (répandre)	spread	spread
To spring	= jaillir, s'élancer	sprang	sprung
To stand	= se tenir debout	stood	stood
To stay	= rester	staid•	staid•
To steal	= voler	stole	stolen
To stick	= coller	stuck	stuck
To sting	= piquer (insecte)	stung	stung
To stink	= sentir mauvais	stank	stunk
To strew	= joncher	strewed	strewn
To stride	= enjamber, marcher à grands pas	strode	stridden
To strike	= frapper	struck	struck
To string	= enfiler	strung	strung
To strive	= s'efforcer	strove	striven
To swear	= jurer	swore	sworn
To sweat	= suer	sweat•	sweat•
To sweep	= balayer	swept	swept
To swell	= enfler	swelled	swollen•
To swim	= nager	swam	swum

---

(10) par accident.

To swing	= balancer	*swung*	*swung*
To take	= prendre	*took*	*taken*
To teach	= enseigner	*taught*	*taught*
To tear	= déchirer	*tore*	*torn*
To tell	= dire	*told*	*told*
To think	= penser	*thought*	*thought*
To thrive	= prospérer	*throve*	*thriven*
To throw	= jeter	*threw*	*thrown*
To thrust	= pousser, enfoncer	*thrust*	*thrust*
To tread	= fouler aux pieds	*trod*	*trodden*
To upset	= renverser, chavirer	*upset*	*upset*
To wake	= éveiller	*woke*	*waken•*
To wear	= porter[11]	*wore*	*worn*
To weave	= tisser	*wove*	*woven*
To weep *To cry**	= pleurer	*wept*	*wept*
To win *To earn[13]*	= gagner[12]	*won*	*won*
To wind	= tourner, enrouler, remonter (montre, pendule, etc.)	*wound*	*wound*
To work	= travailler	*wrought•[14]*	*wrought•*
To wring	= tordre	*wrung*	*wrung*
To write	= écrire	*wrote*	*written*
To writhe	= tordre, se tordre	*writhed*	*writhen•*

(11) un vêtement. — (12) au jeu, aux sports, à la guerre. — (13) *to earn money* = gagner de l'argent. — (14) Les formes irrégulières de *to work* ne s'emploient que comme adjectifs verbaux : *a well-wrought urn* = une potiche aux lignes parfaites; *wrought iron* = fer forgé, fer ornemental.

N.B. — Les verbes ci-dessous se conjuguent comme un des verbes de la liste précédente.

To arise	= s'élever	— *to rise*
To become	= devenir	— *to come*
To befall	= arriver (avoir lieu)	— *to fall*
To behold	= contempler	— *to hold*
To bespeak	= commander	— *to speak*
To forbear	= s'abstenir	— *to bear*
To forbid	= interdire	— *to bid*
To forgive	= pardonner	— *to give*
To inlay	= incruster	— *to lay*
To mistake	= tromper	— *to take*
To outdo	= surpasser	— *to do*
To overhang	= surplomber	— *to hang*
To undertake	= entreprendre	— *to take*
To understand	= comprendre	— *to stand*
To undo	= défaire	— *to do*
To withstand	= résister	— *to stand*
To withdraw	= se retirer	— *to draw*

INDEX

TABLE DES MATIÈRES

Achevé d'imprimer
en mai 1990 sur les presses
des Ateliers Graphiques Marc Veilleux Inc.
Cap-Saint-Ignace, Qué.